Quemados

FERNANDO JÁUREGUI

Quemados
¿Hasta cuándo vamos a aguantar?

ALMUZARA

Editorial Almuzara • Sociedad Actual
Editora: Ángeles López
Corrección: Nieves Porras
Maquetación: Joaquín Treviño
Fotografía autor: © Juan Lázaro

www.editorialalmuzara.com
pedidos@almuzaralibros.com - info@almuzaralibros.com

Editorial Almuzara
Parque Logístico de Córdoba. Ctra. Palma del Río, km 4
C/8, Nave L2, nº 3. 14005 - Córdoba

Imprime: Gráficas La Paz
ISBN: 979-13-70202-73-6
Depósito legal: CO-139-2026
Hecho e impreso en España - *Made and printed in Spain*

Índice

7

NOTA DE LA EDITORA:
En la presente edición, se han respetado deliberadamente ciertas licencias gramaticales y ortográficas que responden a la voluntad expresiva y semántica del autor, alejándose en casos puntuales de la norma académica estricta.

Dedico este libro a los *cartoonists*. Un dibujo de humor vale más que mil palabras y, muchas veces, más que cien editoriales. No hay mejor manera de combatir las quemaduras que una sonrisa reflexiva, a veces amarga, siempre crítica. No se me ocurre mejor acompañamiento en este libro que el de estos genios.

Introducción (o prólogo)

UN RELATO DE ESTE PAÍS DESDE LA PIRA FUNERARIA (O CASI)

Lo confieso: estoy quemado. *Burnout*, si usted quiere expresarlo en otros términos más globales, menos castizos. No, no es (solo) un hartazgo laboral, político, social. Es una sensación de estar como de sobra. Y no me siento nada orgulloso de ello. Es algo negativo, corrosivo, que va royendo el alma poco a poco. Hay que contrarrestarlo. Es urgente. Nos va la vida en ello.

Pero ¿cómo hacerlo, si hay quemados —yo mismo— que no lo gritan (bueno, yo ahora sí lo grito), que siguen como si tal cosa por ceguera, por costumbre, por conveniencia o, simplemente, porque no se dan cuenta, entre tanto trajín, de lo abrasados que están?

Tampoco me creo muy original. Dice un amigo, que se las da de humorista pero que a veces dice cosas muy serias —y esta lo es—, que puede que en España haya cuarenta y ocho millones de quemados, más o menos tantos como habitantes.

(Quita —me dice, como si fuera una broma, que no lo es— a unos cuantos de los llamados *influencer* que no se enteran de la misa la media; a uno que llegó a ministro dejando sorprendida a su madre, que pensaba, no sin razón, que era tonto; a otro al que dieron una estrella Michelin a base de matar de hambre a sus clientes *snobs*, eso sí, a precio de oro; a la cantante Rosalía, a la que le va de cine aunque yo no le encuentre la gracia; y a uno al que acaban de nombrar, quién sabe por qué, asesor número 814 en la Moncloa. Esos son los únicos que no están quemados en este país).

HAY TIZNADOS, CHAMUSCADOS, QUEMADOS, CHURRUSCADOS, CARBONIZADOS... Y CREMADOS (QUE ES LO PEOR)

Parece una *boutade* de mi amigo, pero no deja de ser un retrato sociológico, una metáfora para intentar reír en lugar de llorar sobre esta coyuntura tan rara que vivimos. Que, a veces, es como para que se te caigan las lágrimas.

Porque el resto, salvo los especímenes citados y algunos otros de similar jaez, estamos todos quemados. Eso sí, hay distintas especies de quemados: los que han aprendido a convivir con las quemaduras, aceptando el deterioro como una forma estable de vida; los saturados, que van como pollo sin cabeza y pronto olvidan la indignación de ayer para pasar a la de mañana; el quemado envidioso, que se compara con otros a los que cree que les va mejor; el que desconecta; el que todo lo delega y sentencia: «Que lo arreglen ellos».

Hay, en suma, una progresión en la quema: tiznados, chamuscados, quemados, churruscados, carbonizados y —atención— cremados. Estos últimos ya sin remedio posible, y de ellos hablaremos al final de este volumen como especímenes sin esperanza. Los demás, creo, aún la tenemos.

Uno arde por una cantidad enorme de motivos, que vamos a repasar —no todos, pero sí los principales— en este libro que quiere ser un grito: «Agrupémonos todos en la pira final». O, mejor aún, para no acabar en la pira final. «Quemados del mundo, uníos».

CUANDO SE TE QUEMA ALGO
MÁS QUE UN ASADO

De pronto se te quema algo más que un asado, y te das cuenta de que no estás quemado solo por tu jardín, tu coche o tu casa, que ardieron en algún punto de España el pasado verano. Estás quemado, además, por muchas otras cosas.

Este librito he tardado algo menos de un año en escribirlo desde que el fuego me hirió físicamente. Pero me han sido necesarios otros cincuenta y cuatro años para concebirlo. Para hacer el retrato dolorido de mi país que a continuación —abrasado como estoy, metafóricamente hablando— intentaré trazar. Y para apuntar soluciones, que las hay, en la modesta medida que me toca. Por eso este libro.

—¿Por qué tú, que eres un afectado por los incendios, no escribes un libro que se titule *Quemados*? —me preguntó un día un amigo que me llamó para darme el pésame por mi jardín, mi coche abrasado, mi cabeza partida y mis queridos árboles talados. Y por mi ánimo arrasado, que venía de más lejos.

Era casi lo mismo que el día anterior me había dicho un editor ya retirado, pero con mucha retranca: «Tú estás más quemado que la pipa de un indio, y no solo por lo de tu jardín o por haber avisado del peligro de que se produjese este incendio tres años antes. Aprovecha la rabia que llevas dentro y sácala fuera. Tienes que escribir el libro de los quemados, que, por cierto, somos casi todos, por unas cosas o por otras. El libro de tu vida. De nuestras vidas».

Curiosa coincidencia: ambas llamadas, tan similares, separadas por apenas un día. Así que acepté el reto. El libro de los quemados. Eso haría.

Porque, ante una de las etapas más importantes y cruciales que hayamos conocido en décadas, creo que es necesario, desde la condición de ciudadano, de periodista y de quemado, hacer esa radiografía de lo que forzosamente tenemos que mejorar. Si queremos construir el país con el que siempre hemos soñado y dejárselo —un poco mejor de lo que está— a nuestros hijos y nietos, nuestros zetas.

No voy a decir que aquí todo esté mal. Este es un gran país y, precisamente por eso, tenemos que cuidarlo mejor. Tampoco voy a hablar solo de los incendios, que, con todo lo ocurrido en los últimos meses, parecen ya un recuerdo lejano, aunque hayan sucedido hace poco. Hay muchas clases de incendios: físicos y, sobre todo, morales.

Voy a hablar de la gran pira —espero que no funeraria— que nos aguarda en este país nuestro, que parece hallarse al borde del Cambio total (el país, no la pira). Un Cambio propiciado también, aunque no solo, por unas elecciones que creo de las más importantes en mucho tiempo, porque coinciden con la era de la gran transformación. Ya nada es igual que hace unos meses. Nada será igual dentro de unos meses. Y, dentro de pocos años, todo será irreconocible.

Las elecciones se celebran, además, en un país donde hay demasiada gente quemada. Estamos más quemados que nunca, quizá. Solucionémoslo mientras podamos, antes de que sea tarde. Pero ¿cómo? ¿Son las elecciones una solución al hartazgo general que nos abruma?

Probablemente no, aunque me gustaría equivocarme. Porque este es, muy a nuestro pesar, un país especialmente abrasivo. Y los bomberos, la UME, el Tribunal Supremo, las urnas y la UCO no bastan para apagar el Gran Fuego destructivo que nos devora.

No se extrañe usted, pues, si empleo el término *quemado* —o sus sinónimos— docenas de veces (102 en concreto; las he contado) en estas poco más de cien páginas. La cosa no es, me temo, para menos. Esto está que arde. Estamos más quemados que la tea de La Estatua de la Libertad.

Tomás Serrano, en *El Español*.

Capítulo 1

Cuando hay que definir qué es un quemado

VALE MÁS ESTAR CABREADO
QUE ESTAR QUEMADO

Cuando asumí que yo mismo entraba de lleno en la definición de *quemado* y a continuación me dio por escribir este libro, decidí comenzar ordenadamente, averiguando qué decían los académicos sobre el término. ¿Qué significa exactamente *estar quemado*? Consulto a ChatGPT y me responde que se trata de «una expresión muy viva del español que describe un estado de agotamiento profundo, normalmente emocional o mental, provocado por una acumulación de estrés, frustración o desastre».

Insuficiente, pensé. Y, además, le repregunto: ¿dónde están las distintas clases de quemado a las que aludo en la introducción? No hay respuesta útil. Muy propio de la IA.

Insisto: ¿es lo mismo estar quemado que estar cabreado? No, me dice. El cabreo es una reacción puntual, explosiva, emocionalmente caliente. Una persona quemada puede acabar cabreada; una persona cabreada puede estarlo porque lleva tiempo quemándose.

Hasta aquí, mi ya casi amigo ChatGPT (lo uso bastante), que a veces me tiene, por cierto, bastante quemado cuando no sabe contestar o se refugia en evasivas. Porque, créame, hay muchas cosas que ChatGPT no sabe. Una de ellas es que es mejor estar cabreado que estar quemado. El cabreo implica reacción ante un estímulo negativo; el quemado, en cambio, muchas veces adopta una actitud pasiva, casi de víctima. Es el tipo que piensa en tirar la toalla, en dejar de criticar al Gobierno —y a la oposición, claro—, en no ir a votar o, peor aún, en votar a Alvise: «Hala, que se jodan». Y eso sí que no.

«CUANDO UN MONTE SE QUEMA, ALGO SUYO SE QUEMA, SEÑOR CONDE»

Estás quemado cuando se quema tu casa, tu jardín con los árboles que tanto querías, tu terreno, tu ganado, tu paisaje o tu alma.

Cincuenta mil españoles —cifra estimada; las estadísticas oficiales no parecen molestarse en averiguarlo— quedaron afectados directamente por los incendios que arrasaron España en el verano de 2025. Una tragedia que atravesó la conciencia de nuestros gobernantes como si nada, fueran del nivel que fueran.

«Cuando un monte se quema, algo suyo se quema» fue el lema publicitario que algún Gobierno popularizó hace años para combatir la desgracia anual de los incendios. Luego, el inolvidable —y hoy bastante olvidado— Chumy Chúmez lo remató: «Cuando un monte se quema, algo suyo se quema…, señor conde».

Somos tan irresponsables que apenas percibimos que, cuando el fuego afecta a los pastos, a las casas o incluso a las personas de otros, también nos afecta a nosotros. Aunque el damnificado sea el señor conde. O el vecino al que detestamos.

Como si la desgracia solo alcanzara al monte del conde chumi-chumesiano o al vecino odioso. Y no: cuando se quema un jardín —el suyo de usted o el mío—, un paisaje, un ganado; cuando se comete una injusticia o una negligencia contra otro; cuando es otro el que pilla el covid y no nosotros, se está quemando algo colectivo. Aunque el colectivo, egoísta y miope, crea haberse salvado esta vez: «Primero fueron a por los negros, pero yo no era negro…», etcétera.

Vivimos en un país bastante insolidario, digan lo que digan los eslóganes oficiales y oficiosos. Pero la verdad es simple: cuando algo se quema en una ciudad o en el campo, algo suyo se quema, señor alcalde, señor vecino. Aunque «solo» sea un jardín. O una pandemia. O una vida, que a los insolidarios, como casi todo, les importa poco. En mi pueblo murió uno en el Gran Incendio. Hoy nadie lo recuerda, y eso que se asegura que murió combatiendo las llamas. Yo sí lo recuerdo: Mircea Spiridon, que se abrasó en una hípica donde murieron calcinados dieciocho caballos. El dueño de la hípica, Miguel de las Heras, y su hijo también estuvieron a punto de fallecer en el incendio. La tragedia no fue mayor, me dijeron ambos, «de milagro».

NO HABLO SOLO DE LLAMAS FÍSICAS. OBVIO

A estas alturas habrá percibido usted que no me refiero únicamente al fuego material: en este país cainita nos quemamos mucho más por dentro que por fuera. Los incendios son apenas una metáfora de todo lo que se está quemando.

Mientras el país se achicharraba —en buena parte por seguir ignorando que los incendios se apagan en febrero—, las administraciones cumplían con su liturgia habitual. Las autonómicas, en manos del PP; la central, del PSOE: todos tirándose los trastos a la cabeza. La culpa, como siempre, del otro.

Entre tanto, cada alcalde hacía lo que podía. No siempre bien. Ni sabiamente. Ni con empatía. Hubo quien, al día siguiente de la tragedia, regresó tranquilamente a sus vacaciones agosteñas. Lo sé bien.

EL RETRATO PORNOGRÁFICO DEL VERANO

No será fácil olvidar —como ilustración obscena de aquellos días— las imágenes difundidas con entusiasmo de Ione Belarra, Irene Montero y varias amigotas disfrutando del verano en Menorca. Por supuesto que tienen derecho a gozar, faltaría más. Pero uno no puede evitar preguntarse qué habría dicho Pablo Iglesias si una lideresa del PP hubiese hecho lo mismo en pleno infierno de llamas. La imagen de la señora Montero exhibiendo felicidad en bikini mientras medio país ardía me parece lo más pornográfico que he visto en materia de veraneo político.

Por si hiciera falta más prueba, que casi el uno por ciento del territorio nacional ardiera fue una demostración palmaria de que en España las cosas funcionan mal, cuando funcionan.

La mayor incompetencia es atribuir los incendios a psicópatas, delincuentes o rayos. No: los incendios se provocan por incuria, pereza, racanería *in vigilando* y estupidez. Y por una profunda falta de patriotismo, muy propia de quienes se presentan como nuestros representantes y viven de nuestros impuestos. Esos son los peores pirómanos. Y ya sabe usted que no hablo solo de fuego físico.

Esta convicción, alimentada por rabia e ilusión, me llevó a escribir este libro: denunciar que en mi país —al que a veces llamo Koldavia, Ucolandia o Begonionia— las cosas no marchan. O marchan mal. O, incluso, a ratos, parecen ir hacia atrás.

Quizá antes tampoco funcionaban bien. Pero el Gran Incendio neroniano del verano de 2025 dejó claro algo esencial: a nuestros representantes les importamos muy poco. Se les nota el desapego hacia nosotros y el excesivo apego a sí mismos. ¿Cómo no estar quemado con semejantes leñazos y tales carbones?

LA EQUIVOCACIÓN —QUE NO REBELIÓN— DE LAS MASAS

Pregunte, si no, a los afectados por los incendios, a los de La Palma o a los de la dana valenciana, convertida en espectáculo obsceno sobre doscientas veintisiete víctimas.

(*By the way*: ¿importaba de verdad si el entonces presidente Mazón tuvo o no un *affaire* con una periodista? ¿Era eso relevante frente al dolor de los afectados, que, con exceso pero comprensiblemente, le llamaban «asesino», cuando en realidad era un inútil? Ay, la insoportable levedad de nuestro ser).

El grito anónimo, protegido por la masa, es hoy la única reacción posible ante la injusticia. La masa es cobarde; se refugia en el grupo. Muchas veces el grito es el único amparo, porque los canales de protesta están deliberadamente averiados. El poderoso es casi impune y lo sabe.

En lugar de rebelarse —como quería Ortega—, las masas gritan a escondidas, no vaya a ser que alguien las vea.

Y una vez más, con el caso Mazón como ejemplo, la masa se equivocó de objetivo. Pero los representantes se equivocaron mucho más. Y cuando todos nos equivocamos, conviene temblar por el futuro de este país que, pese a todo, sigue siendo grande. Con demasiados pobres, eso sí. Los que más se queman. Y los que menos se cabrean. Pobres pobres, que ni derecho a estar quemados tienen.

Paco Somoza.

Capítulo 2

Cuando no todos los quemados son iguales ni están igual de chamuscados

LOS POBRES SE QUEMAN MÁS

Un incendio tiene algo de sociológico, de clasista. Como las inundaciones, las erupciones volcánicas o los terremotos. O, ya que estamos, las sanciones por no pagar impuestos: con razón se dice que, si le debes cuatro mil euros a Hacienda, estás *fotut* o *fotuta*; si le debes mil millones, la que está *fotut* es Hacienda.

Nunca entenderé —o, más bien, sí— por qué en las grandes catástrofes los muertos, o los más perjudicados, son, con las excepciones de rigor, los más pobres: los que construyen sus casas en las riberas, o con materiales más frágiles ante tempestades y seísmos; o en terrenos más próximos a los volcanes. Los que no pueden permitirse una gran cerca de piedra o una verja artística de metal alrededor de su parcela, aun sabiendo que el muro vegetal, más barato, arde con mayor facilidad.

Y, ya puestos, también me cuesta aceptar que, en una misma ciudad —pongamos Madrid—, haya barrios donde la esperanza de vida media sea dos años superior a la de otros, más pobres. Los ricos tienen mejor salud, dentadura más blanca, prados más verdes y muros más gruesos, que, además de que no te fisguen los del vulgo que pasan por la calle, sirven de cortafuegos.

¿De veras me va a decir usted que esto es un tópico? ¿Demagogia? ¿En serio me repetirá eso de que la economía va como un cohete, cuando el informe Foessa/Cáritas nos recuerda que uno de cada cuatro hogares españoles tiene problemas? ¿Demagogia cuando se calcula que un treinta por ciento de la economía española es B, o sea negra, o sea, ilegal?

UN MUNDO FELIZ, *MA NON TROPPO*

Esa irritante desigualdad será —lo decía yo en mis recorridos presentando *El cambio en cien palabras*— la principal quiebra social que nos aguarda de aquí a 2050. Un día nos levantaremos y caeremos en la cuenta de que no estamos tan lejos de la distopía de *Un mundo feliz*, de Aldous Huxley, con sus ciudadanos de clase A, B, C… y, más abajo, las capas «inútiles», que siempre mueren antes que los de clase A, después de vivir bastante peor que las clases superiores.

El caso es que la quema de mi jardín, mi seto, mi coche, mi instalación térmica y demás iba a servirme —no hay mal que por bien no venga— para comprobar las excelencias de las administraciones que tenemos. Porque, cuando necesitas su ayuda, se vuelven de espaldas y se ponen a hablar de lo arpía que es Begoña Gómez, los unos, o de lo flojito que es Feijóo, los otros. Como si esos fueran los principales problemas de un país, en el fondo, tan problemático… aunque parezca que los españolitos de a pie (y de a coche) solo nos dedicamos al aperitivo, al sarao, a la siesta y al hotelito regional los fines de semana. Y que viva la vida: total, son dos días.

El ciudadano, individualmente considerado, no existe para nuestros representantes. Podría extenderme —como un ejemplo más— sobre la falta de empatía con la que, por ejemplo, a los afectados por las llamas nos trató nuestro Ayuntamiento. Un Ayuntamiento que estaba —y está— dedicado en cuerpo y alma a construir casas de doce pisos, antiurbanísticas y rentables, para doblar el número de habitantes del municipio y lograr así mayor poder político en la Comunidad de Isabel Díaz Ayuso; acaso con otros objetivos no declarados.

QUE NO, QUE NO HABLO DE CORRUPCIÓN, FALTARÍA MÁS

¿Que qué quiero decir cuando, en mi metáfora incendiada, hablo de «otros objetivos no declarados»? Le ruego que no sea usted mal pensado y no crea —¿o sí?— que hablo de corrupción ni de nada conexo, faltaría más.

Quiero suponer que eso de cobrar comisiones para el bolsillo propio a cambio de autorizar construcciones en determinados parajes es cosa del pasado; de gente quizá como Ábalos y compañía, ¿no? ¿O no?

En fin, no me meteré en jardines, ni siquiera quemados. De momento, solo digo que el desprecio por la calidad medioambiental —construyendo salvajemente, a lo Jesús Gil en Marbella, pero sin mar— nos tiene a muchos quemados en mi pueblo. Y mi pueblo, desde luego, no es el único donde se comprueba que las necesidades de vivienda de los jóvenes no se arreglan a base de ladrillos a precios astronómicos para gente rica. Es apenas un caso más, quizá algo más vistoso, entre otros muchos.

Durante más de un año hice un pódcast con alcaldes de cincuenta localidades de tamaños diversos: todos reconocían que la vivienda era su gran problema. Ninguno se atrevía a plantear soluciones duraderas: todos culpaban al Gobierno; ninguno, a su propia falta de iniciativas.

Sí, no hace falta mucha imaginación para afirmar que la vivienda —gran frustración de nuestros zetas, y no solo de ellos— no se soluciona construyendo sin freno pisos que, pásmense, en mi pueblo cuestan seiscientos mil euros por apenas cien metros. Con terraza y, eso sí, piscina en los bajos. Se los quitan de las manos a los promotores (¿?). Y eso, ¿lo pueden pagar nuestros jóvenes? ¿Y los no tan jóvenes?

Y lo curioso es que, al menos en mi pueblo —donde se ruedan algunas series de Netflix—, los dichosos pisos se compran antes de estar terminados. Mientras, las infraestructuras no mejoran y solo hay una carretera que une el municipio con Madrid, lo que provoca atascos y situaciones peligrosas sin cuento. Que, oiga, pasar un buen rato al volante en un atasco, con la certeza de que llegarás tarde a tu cita, también quema lo suyo. Pero lo aguantamos con paciencia… y con la baliza V16, tan confiscatoria, lista. Cada día somos menos exigentes, más sumisos.

Ahí vienen unas elecciones municipales que podrían ser decisivas para que cada alcalde tome en sus manos ese problema —el de la vivienda— y otros ya casi seculares, y plantee iniciativas, también locales, para paliarlos. Los alcaldes, representantes directos del pueblo, son el primer embrión de una democracia sana. O enferma, según el alcalde de que se trate y sus circunstancias. Y, así, la quemazón con las administraciones puede ser nacional, autonómica o local.

LA QUEJA NO SIRVE DE NADA

He hablado con algunos de los perjudicados por los incendios en Zamora, León, Ourense y, claro, Madrid. Y con una señora encantadora de La Palma que sigue viviendo en una especie de cajón cerca de su casa destruida por la lava hace casi un lustro. Todos ellos —y también los familiares de un amigo mío que murió en Valencia con la dana— están indignados por la falta de atención de sus gobiernos y del Gobierno de todos, pero se diría que viven aletargados y atemorizados. Están cansados: la queja no sirve de nada.

O quizá sí, porque ya se vio cómo los miembros del Gobierno concernidos prometían (como hacemos siempre, dijo Pedro Sánchez, en el colmo de la cara pétrea) ayudas a las víctimas y sus familiares tras el accidente de Adamuz, en enero de 2026; puede que la indignación de los afectados en catástrofes anteriores y las acusaciones de los medios al Ministerio de Transportes por no haber prestado suficiente atención a las advertencias supusieran un aldabonazo en las conciencias de nuestros representantes gubernamentales.

Y, ahora que traigo a colación el tema del accidente ferroviario ocurrido en enero de 2026 —menuda manera de comenzar este año— en Adamuz, 45 muertos, tengo que decir que, más que quemazón, esta cuestión provocó una oleada de protestas en la ciudadanía. Desde el Ministerio de Transportes se nos dio un recital de incompetencia, contradicciones y balbuceos muy poco tranquilizador.

El desdichado Ministerio, que no siempre —véase también el caso de José Luis Ábalos— ha estado en buenas manos, sacaba pecho un par de meses antes del accidente prometiendo colocar el AVE a 350 kilómetros por hora, «superando a China». Mostrando así hasta qué punto la política gubernamental consistía en pura propaganda y no en atender a denuncias de fallos, consolidar lo ya logrado y revisar, revisar, revisar. De hecho, tras el desdichado accidente la velocidad del AVE en algunos tramos se redujo «por precaución» a casi la mitad del máximo permitido, en lugar de incrementarla *para superar a China*. «Menos prisas, ministro», tituló alguien con mala uva en esos días aciagos de luto. «El frenazo», tituló, sarcástico, otro.

SOMOS LOS *NÚMEROS UNO*, DICE SÁNCHEZ. Y NO…

La manía oficial de ser los *números uno del mundo mundial* en velocidad ferroviaria, en número de turistas, en crecimiento del PIB, en ser los más altos, los más guapos, los mejores en todo, la envidia de alemanes, franceses, italianos, como tantas veces ha proclamado Pedro Sánchez (no así como yo lo he escrito, pero casi), un día nos costará más de un disgusto y se traducirá en una ola de nacional-pesimismo. O sea, de más gentes quemadas porque, en efecto, no, no somos los *top ten* ni tenemos por qué tener la medalla de oro en todo. Y nuestros ferrocarriles, llámense alta velocidad o media, o Rodalies catalanes, siguen perdiendo velocidad, comodidad y, a los ojos de muchos, aunque quizá sea injusto, seguridad. Lo cual, entre otras cosas, redunda en perjuicio del desarrollo territorial que con la alta velocidad ferroviaria se busca (y se consigue).

Al fin y al cabo, si nos atenemos a los incendios del triste verano del 25, lo que se quema es, básicamente, la España pobre, la mal llamada vaciada. Es decir: la otra España, esa que parece importar menos que otros territorios.

Uno de los principales problemas de España —que otros países europeos tienen la suerte de no compartir— es el mal cierre del diseño territorial. Incluido el mal engranaje entre las administraciones central, autonómica y local. La desigual densidad de población condiciona también una brecha severa en rentas per cápita y agrava otros datos comparativos de un país que, macroeconómicamente, va bien. Pero luego está el informe Foessa y, además, la experiencia de tu bolsillo, que pierde poder adquisitivo, y la cosa se complica.

Y esta es una cuestión no resuelta desde que, en 1977, iniciamos el proceso constituyente; tampoco se cerró satisfactoriamente con el pacto Galeuscat en las «comunidades históricas» antes de y durante la Segunda República. Ni antes de eso, desde los tiempos de Isabel y Fernando. Nunca.

Nos consolamos diciendo que somos la nación más vieja de Europa, y no es cierto, al menos en puridad. Somos, más bien, una de las naciones territorialmente más problemáticas de Europa. Porque el diseño de España —mientras se sigue hablando de federalización, incluso de un sistema confederal, plenamente inconstitucional, por cierto— continúa sin cerrarse del todo.

La igualdad entre los hombres y las tierras de España es una broma que nunca existió, y ahora tampoco. Las dos Españas, en cambio, existieron y existen hoy, cuando los muros se han puesto de moda más que nunca: los ricos, los menos ricos y los pobres. Y, por cierto, no todos son inmigrantes: el sesenta por ciento de esos pobres —cuya sola mención ya quema— ha nacido en España.

Creo poder decir, sin demasiado margen de error, que esta —la «cuestión territorial»— sigue siendo nuestra principal pesadilla en la ordenación del Estado y el problema mayor de los muchos que heredará la futura jefa de ese Estado. Nuestro Estado.

¿No le quema a usted eso, o es de los que aún piensan que mejor se marchen de España los que quieran independizarse de ella? Y, de paso, que se marchen todos los que han venido «sin papeles», por mucho que estén ayudando al despegue económico y a que, dentro de unos años, cobremos algo de la Seguridad Social. Ese afán de deshacerse de todos, tan erróneo, a mí sí que me quema. Me indigna. Y, sobre todo, me asusta la ceguera de quienes lo predican, se llamen Vox o como quiera.

UN PAÍS CON MIEDO

Y si la queja, por tantos y tan razonables motivos, no sube hoy de tono es porque puede hacer que los remotos favores que podrían descender desde el Poder sobre nuestras humildes cabezas dejen de hacerlo. La «vendetta» del poderoso —que tan bien conocemos algunos periodistas; los débiles, los vencidos, las víctimas; el vecino o el ciudadano que protesta, y también el indiferente sometido a la legislación vigente— tiene un brazo muy largo y métodos muy sutiles.

Y el ciudadano —salve usted las excepciones que quiera— es básicamente cobarde porque así lo han ido haciendo los poderes establecidos desde los mentados Isabel y Fernando, por lo menos.

España es, sí, un país tradicionalmente miedoso, sin una sociedad civil potente que defienda al ciudadano individual. Y conviene, cuando hablamos de esto, no engañarnos con pretextos y apósitos como el defensor del pueblo y artilugios semejantes, presentados como un recurso contencioso-administrativo frente a abusos de la Administración. Pero nadie sabe para qué sirven, y lo lamento: no conozco un solo caso en que la intervención de tan solemnes (y costosas) instituciones haya resuelto un problema verdaderamente serio.

(Ya Adolfo Suárez me decía, bien lo recuerdo: «Qué fácil es, Fernando, gobernar a los españoles; lo aceptan todo hasta que, por los motivos que menos importan, se les dispara algún muelle y entonces es la guerra civil»).

Sí, quizá nos habría hecho falta una revolución francesa en lugar de un Fernando VII, pero ya ve usted lo que hay. Incluso la Historia nos tiene quemados: maniatados y divididos en, al menos, dos Españas. O quizá más, algunas de ellas habitadas por gentes que no quieren ser españolas, o eso dicen.

PROTESTAR ES SANO

¿Qué hacer? Lo mejor, siempre, es preguntar a quienes saben más que uno, que son, por cierto, numerosos. Del sabio, el consejo. Yo le pregunté a José Manuel Ribera, uno de los geriatras más destacados de España —padre de la eurocomisaria y exvicepresidenta Teresa Ribera—, cuál era el secreto de una vejez feliz y saludable. ¿Cómo vivir bien hasta los ciento veinte?

Me dio tres recetas: beber mucha agua —la edad deshidrata—; mantener mente y cuerpo muy activos, nada de tirar la toalla; y protestar.

—¿Protestar? —me extrañé.

—Sí, protestar —me dijo—. No resignarse nunca a que te suelten eso de «a su edad, ¿qué se creerá este?». Resignarse es el fin.

Después, el doctor Ribera escribió un libro con ese mismo título: *A su edad, ¿qué querrá?* Una crítica formidable al edadismo, una de las plagas de nuestro tiempo que a mí —por razones ya, ay, obvias— me tiene especialmente quemado. A mí y a casi un tercio del país, que supera los sesenta y cinco.

La mayor parte de ese tercio acaba haciendo justo lo que recomendamos no hacer: tirar la toalla, hartos de que nadie les preste la menor atención y de que sus protestas acaben donde acaban aquí todas las protestas y las «líneas directas» con la Administración: en la papelera.

El gran incendio nacional solo sirvió para iluminar un paisaje que ya estaba lleno de cenizas de toda laya. Jamás una era que podía haber sido tan prometedora tuvo perfiles más romos ni una política más mediocre e inmoral, gerenciada por tipos como algunos de los que vamos conociendo.

Y conste que no me refiero solo al Gobierno, ni a los gobiernos múltiples que pesan sobre nuestras cabezas, sean socialistas, «populares» o vengan de donde vengan. Hay una infraestructura que no afecta únicamente al poder —a los poderes—, sino al vínculo social: en la crítica hay que incluir la ruptura de la confianza entre ciudadanos, esa insolidaridad terrible a la que me refería antes. Es el «sálvese quien pueda». Y siempre hay alguien con un salvavidas mejor que el nuestro cuando llega el naufragio. El salvavidas suele ser mejor… y la persona que lo acapara, peor.

Sospecho que, para bien o —sobre todo— para mal, la indignación —«indignaos», nos pedía Stéphane Hessel en su opúsculo, que pese a su endeblez incendió a las masas— va perdiendo la partida en una ciudadanía que, de puro harta, se ha vuelto indiferente. Quemadamente indiferente, si se me permite la expresión. La apatía y la resignación se han convertido en formas dominantes del malestar. Y ello, pese a ocasionales estallidos de furia ciudadana, como ocurrió tras el accidente de Adamuz. O, más bien, tras las *explicaciones* sobre el accidente de Adamuz.

Quite usted algunas manifestaciones «políticas» que congregan a algunos miles —no tantos como dicen los organizadores— y verá que, después, no hay nada. Muchos que tiran la toalla de la protesta ya ni gritan, ni demandan, ni militan en organización alguna.

Y lo peor es que esa docilidad se celebra como virtud social, en lugar de como el defecto terrible que más aprovecha a quienes pretenden presentarse, desde Gobierno u oposición, como nuestros representantes y, en el fondo, son nuestros parásitos.

Estamos, en suma, quemados —perdone de nuevo la insistencia: lo exige el guion—. Y un quemado, déjeme que se lo diga, es capaz de cualquier cosa porque cree que ya no puede pasarle algo mucho peor.

Atención a esto: porque sí pueden pasarnos cosas peores. Échele un vistazo a la Historia. Y a los que nos mandan.

PUES ESPERA A VER EL RESTO DEL

Tomás Serrano, en *El Español*.

Gallego&Rey en *El Mundo*.

Capítulo 3

Cuando los que mandan nos queman, pero bien quemados

QUÉ SE PUEDE HACER CON UN GOBIERNO ABRASADO

«Piove, porco Governo», dicen los italianos, reyes indiscutibles de la sorna política. El Gobierno —los Gobiernos— tienen la culpa de la lluvia y de la sequía, a tenor de las críticas que reciben. De todo se les culpa. Y lo peor es que de casi todo la tienen. Desde luego, muchas veces, de los incendios. Y de que, por extensión, estemos tan quemados por esa rica variedad de razones que aquí vamos enumerando.

Y no quiero decir, ni digo, que un Gobierno —cualquier Gobierno— pueda hacerlo todo mal; como tampoco digo que pueda hacerlo todo bien. Es, supongo, como casi todo en la vida: una cuestión de porcentajes. Cuánto ha hecho, hace, de malo; cuánto, de bueno. Lo mismo vale para hablar de la oposición, de las oposiciones, por supuesto. Hablo, en suma, de esa llamada —mal llamada, por cierto— «clase política» que nos representa o aspira a representarnos.

Pero llega un momento en que la fatiga del material humano, instalado en el mismo puesto y expuesto a crecientes dosis de poder, inclina la balanza hacia el lado oscuro. Sí: hablo de que la limitación de mandatos debería ser un hecho constitucionalizado e implacable. Está demostrado que, a partir de ocho años con las mismas personas gobernando un país, una autonomía, un pueblo o una comunidad de vecinos, empiezan a aparecer los síntomas de la «fiebre del gobernante»: el que se cree impune y a quien los halagos constantes le hacen —como se les advertía a los aurigas romanos vencedores en el circo— olvidar que es mortal.

Entonces, cuando llega esa fatiga del material humano, es cuando los ciudadanos empezamos a decir que un Gobierno está quemado. Quizá no en el sentido en que usted y yo nos sentimos quemados cuando hablamos de lo que nos ocurre: lo nuestro es íntimo, una desesperación interior que podemos o no transmitir a los demás. Lo de ellos, los gobernantes, tiene más que ver con su incapacidad para seguir desempeñándose con brillantez. Pero ellos casi nunca lo perciben hasta que las urnas los desplazan ante el insoportable olor a chamusquina.

Se acaba muriendo de éxito, mucho más que de fracaso. Porque del fracaso los inteligentes aprenden. Del éxito, los incapaces se ensoberbecen. Y, a partir de ahí, cuando eres todo y solo soberbia, te conviertes en una figura quemada.

TAL VEZ, MÁS QUE QUEMADOS, ESTEMOS J...

Y sí, claro, pienso fundamentalmente en mi Gobierno, en el de aquí y ahora. Pero podría recordar tantos Gobiernos que han pasado por la alfombra roja del poder; tantos presidentes que estaban seguros de que iban a llegar a serlo, una certeza que los acompañaba casi desde la adolescencia. Quizá, desde temprano, estaban convencidos de ser superiores a los demás: nosotros, simples mortales. Quizá llegar a presidente —y hasta a ministro— está en el ADN de algunos, quién lo sabe. Un *fatum* angustioso para los demás, destinados, por lo visto, a ser gobernados por ellos. O, mejor dicho, a ser gobernados por ellos... así.

Podría evocar también a tantos ministros que creyeron que, con la cartera que les entregaba el predecesor en la toma de posesión, recibían un poder sobre vidas y haciendas. Y a mí, qué quiere que le diga: eso, más que quemarme, me jode. Así como suena. Les pagas, les votas y, encima, te pisan. Incluso aunque les hayas votado —que, si encima no..., ay de ti, infelice—.

Cuando el gobernante —sea primer ministro o ministro a secas; cacique local o guardia de la porra; o, ya que estamos, líder de la oposición— está quemado, temblemos: hará lo que sea para salir de su grado de carbonización, ensayará las ocurrencias más funestas, dirá las tonterías más profundas y se volverá más agresivo contra los «estúpidos» que no entendemos su indudable valía, porque hay que llevarnos por el buen camino. Y así, hasta decretan que las máquinas expendedoras de café en mi empresa supriman la opción «con azúcar». Es por nuestro bien.

El quemado, cuando lo es por el propio ejercicio del poder —aunque sea vicario u opositor—, se vuelve un ser inútil, como los campos calcinados por el fuego. Pero, a diferencia de estos, es difícil que se regenere con los años. Porque la reflexión y la humildad rara vez son patrimonio de quienes han tenido tanto poder sobre los demás y han sido objeto de algo a lo que ya me refería: la adulación y el servilismo de quienes tenían por debajo. La lisonja quema, a quien la practica y a quien la recibe, porque le hace olvidar su triste realidad. «Recuerda que eres mortal», repitamos.

EL REINO DE LOS «PELOTAS»

Y en el juego de tronos del poder, tal y como hoy está concebido, no se admite a los insumisos, a los críticos, a los independientes, y menos aún a los rebeldes y levantiscos, que son —mire usted por dónde— los que más necesita la sociedad. Tampoco caen bien quienes tienen «muchas lecturas», como nos confesó en una ocasión, no sé si muy en broma, a varios plumillas un destacado parlamentario que, sospecho, no ha leído demasiados libros en su vida. O sea: el diputado o senador medio. O el ministro medio. O, ejem, el presidente del Gobierno medio, que en sus memorias confundía a san Juan de la Cruz con fray Luis de León. O el líder de la oposición medio, que pensaba que la obra más famosa de Orwell se escribió en 1984.

Y, por otro lado, lo que menos necesita la sociedad son esos «pelotas» que, en el grupo parlamentario que toque, se deshacen en aplausos ante la menor tontería o simpleza que diga el líder.

Tengo incluso una colección de fotografías y vídeos de la tele de aplaudidores sin mesura. Algún día me gustaría publicarla, encabezada por un tal Rafael Simancas (a título de ejemplo consumado de aplaudidor capaz de todo por el jefe, incluso cambiar ilegalmente la cerradura de una sede del partido para que no entrara el secretario general «enemigo»). Y así, claro, salen esas sesiones de control al Gobierno en la Cámara Baja. Y en la Alta, para lo que valga, que ya ni para salir en los telediarios sirve, de tanto como nos aburre. Un desmadre que solo contribuye a desprestigiar a sus señorías, sean del grupo que sean. Me tienen frito.

Capítulo 4

Los «húbridos» nos tienen fritos

ESTE TIPO ME PONE ENFERMO, LA VERDAD

Este tipo está francamente mal: tocado por el *síndrome de hubris*. No hace falta que lo busque en internet; se lo explico. El término procede del griego y alude a la desmesura, a la arrogancia. Describe una transformación psicológica que aparece en personas que ejercen el poder de forma prolongada y sin freno. Se ha definido, con precisión clínica, como «un trastorno de la personalidad adquirido por poder».

Ejemplos no faltan; seguro que usted está pensando en alguien muy concreto. A algunos de estos pacientes —los pacientes de verdad, conviene recordarlo, somos quienes sufrimos a estos individuos— les cambia incluso el rostro: se les contrae cuando no soportan que se les lleve la contraria o que alguien intente ejercer un poder que menoscabe el suyo. Jamás se equivocan —eso creen los «húbridos»— y, por tanto, se sienten legitimados para cometer toda clase de tropelías. Son, o se creen, inimputables e impunes; para ellos no existen líneas rojas impuestas por el vulgo ni límites firmados por leguleyos.

Hay quien confunde a estos personajes con dictadores o autócratas, capaces de lo peor. No exactamente. Un dictador es otra cosa. Muchos húbridos gobiernan democracias, aunque adaptadas en mayor o menor medida a sus deseos. Saben atraer seguidores; y, si no lo logran, atemorizan a quienes se resisten a serlo.

EL PODER (CON «JOTA») DE LOS HÚBRIDOS

Los húbridos me ponen enfermo, la verdad. Creen que todo les es debido. Siembran división y levantan muros; solo piensan en el poder —y en el *joder*, ¿verdad, mazónidos?—, sin importarles cómo se obtenga ni cómo se perpetúe. Solo respetan a quienes pueden darles algo. Mienten sin rubor. Y siempre encuentran quien los siga, hasta que llega la cura, cuando llega.

Porque solo se curan perdiendo el poder que acumularon. Mientras tanto, se convierten en auténticos especialistas en sobrevivir en la alfombra roja, al precio que sea. Y el que venga detrás, que arree.

Su cohorte es inevitablemente aplaudidora. No toleran al crítico y mucho menos al disidente, porque los húbridos siempre tienen razón y los demás son unos bobos equivocados o algo peor: «fachosferosos» vendidos al oro de la derechona; o, en el extremo opuesto, rojazos de manual, pesebristas pagados por Moncloa, comunistas que ni Lenin. Así, entre tópicos de ida y vuelta —casi siempre falsos y hasta absurdos—, se mueven las dos Españas.

Esa cohorte —ministros, parlamentarios, alcaldes, da lo mismo— suele exhibir escasos valores intelectuales y morales. Su calidad política, profesional e intelectual es baja; por eso se apiñan, obsequiosos, alrededor del jefe de la manada.

LA CLASE DOMINANTE

Todos ellos han terminado por constituir una clase dominante que mantiene literalmente quemados a quienes dice representar. El poder es su divisa, su santo y seña, su talismán. No soportan, ni admiten, la idea de perderlo.

Porque sin poder no son nada. ¿Cuántos libros diría usted que han leído en el último año los trescientos cincuenta parlamentarios del Congreso? ¿Veinte? ¿Diez? «Es que no tenemos tiempo de leer, de tan ocupados como estamos», me confesó un día, riéndose de sí mismo, un amigo diputado.

Pues claro que hoy leer no está de moda. Ahí tiene usted a la famosa *influencer* de apellido cántabro que presume de no haber leído ni un solo libro. Y se te nota, paisanuca, le diría yo si me oyera. Es el gap cultural del que hablaba antes. O que la tertuliana televisiva de moda, una joven desenvuelta de veintipocos que encadena bobadas sin freno, se haya convertido en musa de la izquierda es algo que no tiene pase. Quema.

Un día, un alumno me preguntó qué ocurre cuando los húbridos pierden definitivamente el poder. Algunos —le respondí— se curan del todo, aunque no conozco ejemplos concretos; otros se adaptan, convencidos de que volverán al punto de partida; y muchos acaban francamente mal, incapaces de aceptar que las cosas ya no volverán a ser como eran. Y de que la Historia los tratará con dureza.

Los subordinados de un húbrido —que no es lo mismo que un «híbrido», capaz de alternativas—, cuando este pierde poder e influencia, suelen darle ruidosamente la espalda. Es un espectáculo de deslealtad: entonces lo critican y lo atacan, fingiendo que siempre estuvieron en su contra. Dicen que estaban quemados cuando lo acompañaban, pero callan que ahora lo están mucho más, cuando se evaporan las mieles del poder y se convierten en simples mortales, como los demás: sin visa *gratis total*, sin chófer, sin Falcon y, sobre todo, sin *Boletín Oficial del Estado* para mangonear. Eso, eso sí, les escuece de verdad.

Gallego&Rey en *El Mundo*.

Capítulo 5

Cuando las cosas se hacen por c..., claro, sales quemado

LEGISLAN DE MANERA TESTICULAR; ES DECIR, COMO LES SALE DE...

Y luego está esta forma abusiva de regular nuestras vidas. Todo se reglamenta para que estemos sanos, despiertos a la vez que dormimos las horas prescritas, no comamos demasiados alimentos procesados (ni chuletones), nos vacunemos en tiempo y forma, conciliemos mientras trabajamos y recibamos con agrado las dosis necesarias de propaganda del Gobierno de turno.

En cambio, apenas se legisla sobre tantas cosas que hoy hacen la vida más difícil al ciudadano: desde las okupaciones de viviendas —lo que está ocurriendo es sencillamente increíble— hasta la mejora real de la atención médica y del estado del bienestar en general. Pasando, claro, por una redefinición de esa «burocracia telemática» que tanto nos complica la existencia.

Se diría que el individuo importa, pero ocurre exactamente lo contrario: no importamos nada, cada uno de nosotros. Se busca al colectivo votante, no al individuo sufriente; se cuida a la masa que paga impuestos (y no pocos, por cierto), no la felicidad de los más posibles, uno a uno.

Nada hay tan peligroso como una legislación oportunista, diseñada para servir al poderoso y mantenerlo en el poder. Así, concedemos indultos cuando prometimos —«¿cuántas veces quiere que se lo diga?»— no hacerlo; aprobamos amnistías que, se diga lo que se diga, son sospechosas de inconstitucionalidad; convertimos en pecado venial algo tan grave como la malversación; regulamos los impuestos según el capricho —más o menos confiscatorio— del último cuarto de hora; y presentamos o no los presupuestos según sople el viento en las banderolas del Congreso. Esa inoperancia del Legislativo es, por cierto, otro problema mayor.

Y, por supuesto, nos pasamos por el forro una Constitución que hace años debería haberse reformado para modernizarla y adaptarla a las necesidades actuales, no a las de hace medio siglo. Aquí hay que culpar a las dos Españas, la del Gobierno y la de la oposición, por no haberse entendido ni haber comprendido que el pacto constitucional ya no es solo fundamental, sino urgente.

Del mismo modo, olvidamos o desdeñamos regular cuestiones sustanciales para el bienestar de los ciudadanos: la vivienda, siempre reducida a promesas electorales incumplidas; la atención a la dependencia; el cumplimiento de las ayudas tras las catástrofes naturales; la lucha contra la burocracia; o las prestaciones prometidas y nunca entregadas en casos de enfermedades incurables —menudos ejemplos conozco de abandonados con ELA—.

Tantas cosas, en fin, que, como la enorme injusticia y la inequidad social del país, requieren regulación urgente —y pactos— y que siempre quedan relegadas. Porque cuando te estás sacudiendo a garrotazos con el de enfrente para hacerte con todo el poder, o para conservarlo, no tienes tiempo de pensar en otras cosas. En nosotros, los ciudadanos, por ejemplo.

ESTO SE HACE POR MIS SANTOS C...

Lo testicular —el «hago lo que me sale de» o el «esto no se hace porque a mí no se me pone en»— es lo que está marcando hoy la normativa y la forma de legislar.

Eso, claro, cuando quien manda consigue sacar adelante algo. Porque con la actual correlación de fuerzas en el Congreso, el Gobierno, tan gallito en otros tiempos, no siempre puede aprobar lo que quiere; o, más bien, no puede aprobar casi nada. Resultado: parálisis en medio del caos.

¿La solución? Tal vez una reforma profunda de la normativa electoral que permita formar mayorías de gobierno sin recurrir a «extraños compañeros de cama». Pero aquí llega otra de las razones de nuestro hartazgo: los únicos acuerdos alcanzados por las principales fuerzas nacionales en este terreno han servido para tender trampas y dificultar el ascenso de terceros partidos. De una reforma real que permita una gobernación estable y provechosa para los ciudadanos, nada de nada.

Así, a golpe de inspiración testicular, hemos instalado en el país una inseguridad jurídica del *carallo*. Si un Estado moderno se sostiene en la seguridad jurídica —o, si se prefiere, en la confianza del ciudadano en las normas— y en la separación de poderes, vamos dados. Porque no tenemos ni una cosa ni la otra.

DEVUÉLVEME MI VOTO (POR FAVOR, CLARO)

Y si, además, ese Estado renuncia a proyectos a largo plazo para abrazar el cortoplacismo oportunista —ese que solo mira hasta 2027— como norma de actuación, caminamos derechos hacia el suicidio como nación moderna. Y, encima, lo hacemos en sentido contrario al de los principales países de la UE, como los coches ingleses, convencidos de que los equivocados son siempre los demás.

Legislar en estas circunstancias equivale muchas veces a justificar incumplimientos flagrantes de promesas electorales. Si prometes traer a un prófugo, digamos Carles Puigdemont, para meterlo en la cárcel y, tras las elecciones, lo conviertes en aliado imprescindible que te mantiene en el poder a cambio de exigencias inasumibles, estás rompiendo un código esencial que debería respetarse a toda costa.

¿Y si aseguras que un rival político —pongamos Pablo Iglesias— no dejaría dormir, si estuviera en el poder, al noventa por ciento de los españoles y, tras pasar por las urnas, lo primero que haces es aliarte con él y nombrarlo vicepresidente? Digo yo que en algún momento alguien podría reclamarte el voto que te dio confiando en que nunca harías aquello que acabas haciendo. Devuélveme mi voto. Por favor, claro: aquí nadie se atreve a exigir nada.

Es, me temo, una manera amoral de ejercer el poder. Y quienes la sufrimos estamos, cómo no, quemados. No hablo solo del Gobierno, sino también de las oposiciones, que amenazan con copiar muchas de las peores prácticas de quienes hoy mandan.

Insisto —líbreme Dios de decir lo contrario—: no digo que este Gobierno lo haga todo mal y nada bien. No digo eso. Digo que el conjunto de lo hecho y lo dejado de hacer nos ha llevado a un callejón sin salida. Los primeros quemados son ellos. Pero también, a nuestra propia manera, nosotros. Y más que ellos, me temo.

LA FELICIDAD ESTÁ EN LOS BARES DE PONZANO

Aunque en el verano de 2025 «solo» ardiera algo menos del uno por ciento del país, moralmente estamos todos torrefactados. Esa es nuestra peculiaridad nacional: pocos se salvan de la quema, unos por activa y otros —la mayoría— por pasiva.

En el país feliz —así lo creen, además de los monclovitas, los millones de turistas que vienen a vernos sin mirarnos a los ojos, quizá porque solo en la calle Ponzano hay más bares que en toda Noruega— nadie está del todo contento. Ni siquiera los habitantes del supuesto Eldorado de la Cuesta de las Perdices.

«Bah, todo eso es política», dirá usted. En España siguen abriendo panaderías, colegios y bancos; el paro disminuye —y tanto que no se cubren determinados empleos—; el PIB sube, para lo que sirva; hoteles y restaurantes están llenos; y los conciertos, carísimos, abarrotados.

Digan lo que digan las cifras oficiales, el desempleo real es pequeño: es imposible encontrar un albañil, un electricista o alguien que tale el árbol de sesenta años que se ha calcinado. Pregúnteselo a quien sufrió los incendios del flamígero verano de 2025 y pasó meses buscando ayuda para reconstruir su vida. O médicos que le reparasen el cuerpo y el alma.

Con todo eso —restaurantes y casa en la playa, quien pueda tenerla—, ¿de verdad somos felices? ¿O estamos, más bien, quemados?

Seamos sinceros. ¿Preferimos el aperitivo y el fin de semana playero a la reforma? ¿No tenemos derecho, aunque el PIB vaya bien, a pensar en las desigualdades, en los cinco —o más— millones de personas al borde de la exclusión? ¿No tenemos derecho a angustiarnos buscando un trabajo digno, que no consista en teletrabajar diez horas diarias por poco más del salario mínimo? ¿Debemos renunciar a pensar que las buenas cifras macroeconómicas, aparte del *boom* turístico, se basan en el gasto público, en la economía «negra» y en los buenos resultados del IBEX en el extranjero?

Porque dentro de muy poco nada podrá seguir siendo como hasta ahora. Y más vale que los jóvenes de la generación Z —nuestros hijos y nietos— vayan tomando nota del mundo que les tocará dirigir. Y de cómo apagarán ellos los incendios. Que no sea, desde luego, provocándolos, como hemos hecho hasta ahora.

Estamos en la hora de la revolución. Hay que cambiar, de una vez, el sesgo terrible de los titulares. Y de las falsedades que contienen; que, entérese, el sesenta por ciento de lo que leemos tiene origen en una *fake news*, aunque no siempre este fenómeno pueda sernos achacado a los periodistas, víctimas del sistema. Porque quien más *fake news* vierte en sus comparecencias y en sus mensajes, a veces tratando incluso de falsear las imágenes, utilizando con descaro la inteligencia artificial, es el hombre más poderoso del mundo. Dígame si eso no quema.

Capítulo 6

Cuando ver las portadas de los periódicos te asfixia

KOLDAVIA VERSUS UCOLANDIA: QUÉ FUE DE AQUEL PAÍS NUESTRO, TAN FORMAL

Así que ya digo: durante muchos meses —y años— aterrorizaba, y aún aterroriza (y te quema, por supuesto), asomarse al contenido de las portadas de tantos periódicos, en papel y digitales, o a los noticiarios de radio y televisión. Escándalos de corrupción sin freno ni tasa, impregnados además de una indecencia sexual machista y acosadora, protagonizada por tipos de baja estofa que, sin embargo, ocuparon puestos relevantes en el organigrama político.

El mal gusto, la mala educación, el lenguaje primitivo y los bajos sentimientos se adueñaron de la vida pública. Y sí, la memoria selectiva tiende a borrar estos malos pasos; pero han sido tantos, y tan malos, que ahí siguen, como manchas de humedad en una pared.

Aquí, quien ponía ley y orden era una tal UCO: la unidad de élite de la Guardia Civil encargada de combatir —y me temo que a veces también de filtrar a según quién— los casos más palmarios de corrupción. Los corruptos formaban, escribió alguien con gracia y mala uva, el «clan de los Al». Es decir: los Ábalos (Álbalos), Alvite, Alvise, Álvaros, Albertos... junto con Santos Cerdán, que no es Al, pero que, comparado con él, ni Al Capone, vamos. Espero que no se enfade conmigo por la comparación «humorística», ejem. *Animus iocandi* sin más.

LOS UCOLANOS, EN GUERRA CONTRA LOS KOLDAVOS. ¿QUIÉN GANA?

Alguien a quien conozco bien andaba preparando una narración ficticia —¿ficticia?— ambientada en Koldavia, un Estado fallido combatido por Ucolandia. Koldavia, el reino de los malos. Ucolandia, el de los buenos, según quién lo cuente. La capital de ese reino —¿ficticio?— era Cerdanópolis. La narración no dice quién ganó al final, si el equipo ucolano o el koldavo.

Que Koldo García, un personaje lamentable se mire desde donde se mire, haya okupado tantas portadas y tantos minutos de radio y televisión, qué quiere que le diga: *kema*. Que el Gobierno de la cuarta potencia de la Unión Europea dependa para su estabilidad de que dos delincuentes —Koldo García o José Luis Ábalos (o Leire Díez, «la fontanera», o Santos Cerdán, el «tercer hombre»)— decidan «cantar» lo que saben causa verdadero espanto. Que España se haya trastornado en Begonionia o en Sanchilia altera los nervios de cualquiera. Bueno, de cualquiera que aún tenga los nervios democráticos a flor de piel; no crea usted que aquí quedan tantos.

De hecho, ya digo que nuestros jóvenes, esos zetas que dentro de década y media controlarán los mandos del país y del mundo, ni leen nuestros comentarios indignados en los periódicos ni escuchan nuestros gritos de dolor en radios o teles.

Nuestros jóvenes, instalados en lenguajes, mensajes y mensajeros distintos, ventean la catástrofe. Piensan quizá que estamos destinados al fracaso desde el minuto uno: un país cuyo horizonte temporal se agota en 2027 —la fecha más lejana que logran imaginar nuestros políticos— está condenado al suicidio o al menos a la irrelevancia. Y, sin embargo, sientes que, en la humilde medida de tus posibilidades, hay que plantar semillas. A ver si fructifican.

No diré que este pasotismo, derivado de cierto pesimismo de futuro, les ocurra a todos los jóvenes; entre otras cosas porque no los conozco a todos, como respondió Churchill cuando le preguntaron qué pensaba de los franceses. Pero, como aficionado —desconfiado siempre, conste— al estudio de las encuestas, percibo una suerte de alienación generalizada en esta «generación de Leonor I». Suponiendo, desde luego, que las cosas desemboquen dinásticamente como hoy parece que van, aunque aquí cualquier día se tuerce todo y nos encontramos con un presidente de la República de origen ecuatoriano, y tampoco pasaría gran cosa: un hecho inédito más, total…

Pero a lo que iba: jamás he visto una brecha generacional tan grande. Ellos, los zetas y alrededores, utilizan un lenguaje que nos resulta crecientemente ajeno; se asoman a conocimientos que no son los nuestros mientras desprecian por completo los nuestros.

CULTURAS FRAGMENTADAS
E ¿INCOMPATIBLES?

Las incursiones docentes en universidades te enseñan que la distancia crece cada día: nosotros nos agarramos a nuestras viejas usanzas y ellos a sus tiktoks, instagrams, *influencers*, *gamers* y toda esa ralea, mayormente intrascendente, que —piensan algunos, quizá sin reflexionar demasiado— les está secando el coco.

Dirá usted que ese desencuentro siempre existió entre padres e hijos, entre abuelos y nietos. Pero eso no es del todo verdad. Jamás el Cambio fue a la velocidad de ahora ni con la intensidad de ahora, cuando distopías relacionadas con carreras espaciales, robotización total, computación cuántica, biogénesis, fragmentación social o realidades paralelas se convierten en actualidad casi tangible. Hay que analizar con cuidado el fenómeno de la incompatibilidad cultural entre *boomers* y zetas.

Ese —aunque solo me competa citarlo de pasada— es otro de los *gaps* a los que se enfrenta la sociedad, no solo la española: el acceso a la cultura ha dejado de ser universal y se ha fragmentado hasta el extremo. Estamos ante culturas incompatibles, estratificadas por edades, por pertenencias sociales e incluso por territorios dentro de una misma nación (fenómeno especialmente notable en España). Nadie es capaz de abarcar todo el Cambio, ni siquiera quienes lo impulsan desde cualquier ámbito.

Y eso, cuando llegas a ser plenamente consciente de que también te ocurre a ti, quema seriamente: comprendes que eres un ser profundamente limitado. Que la tecnologización extrema conduce a una incomprensión extrema entre unos y otros.

Ya ni sabemos dónde está la Cultura, con mayúscula, porque incluso su enseñanza precisa una actualización urgente: casi ninguna asignatura vigente lo está ya, en verdad, plenamente. Y sin olvidar, además, la banalización desde los poderes de lo que damos en llamar cultura. A mí, descendiendo a ejemplos menores, qué le voy a decir: me quema, sin más, que aquí y ahora se convierta en «escritor de moda», amparado por el «régimen», a un señor que ha escrito un tratado sobre papas y vaticanistas…, teniendo como gran mérito haber entrevistado diez minutos al papa Francisco en un avión.

No, Javier Cercas —lo cito para que nadie me acuse de ocultarlo— no puede ser mi referente, la verdad. Ni tantos/as novelistas de lo absurdo que, para mi pasmo (y si usted quiere, envidia, por supuesto), atraen colas en las ferias del libro para que el dios o la diosa del último cuarto de hora les firme un ejemplar, a veces millonariamente premiado con un Planeta muy discutible. Con decirle que uno de los títulos más vendidos, con decenas de ediciones aquí y en medio mundo, es este: *El sutil arte de que (casi todo) te importe una mierda*. Bastante ilustrativo del nivel que alcanzan las aguas en el secarral cultural que habitamos.

PERO ¿POR QUÉ DIABLOS VOTAN A UN TIPO CON EL PELO NARANJA?

Sospecho, en suma, que nuestros jóvenes se están hartando de nosotros… y hasta de ellos mismos. Y mire: ya lo dijo un precursor, un presidente de la República, Estanislao Figueras, en 1873: «Estoy hasta los cojones de todos nosotros», y acto seguido se largó a París. ¿Se puede estar más quemado? Pues imagínese ahora, cuando estamos hasta los mismísimos de todos. Y el que presume de ser el más poderoso del mundo es el primero del que estamos hasta el gorro: menudos líos nos arma asegurando que lo que busca es la paz y la justicia. ¡Él!

Pero a lo que iba. Menudo ejemplo les estamos dando a nuestros zetas, menudo susto deben de llevar en el cuerpo viendo que un personaje casi de cuento de terror como Donald Trump se asienta sobre setenta y siete millones de votos. Votos cuya motivación —por mucho que se haya intentado explicarla— no hay quien comprenda del todo. ¿Por qué gente racional vota a este tipo del pelo naranja, con la educación de un *cowboy* del Oeste, la estética del alcalde de Horteralandia y la moral de un zorro en un gallinero? Y lo peor es que nos hemos acostumbrado a personajes así. Me sale del alma decir «tipejo», pero no me atrevo, no vaya a ser que luego no me den el visado para viajar a los *States*.

Un día, uno de los cientos de asesores del hombre que (aún) habita en la Moncloa me dijo, y lo entrecomillo: «No sé por qué os escandalizáis tanto con la política del Gobierno cuando aquí no pasa ni el uno por ciento de las cosas que ocurren en Estados Unidos, en Argentina o, desde luego, en Rusia o Israel».

Le respondí que yo no quiero ser Israel, ni «este» Estados Unidos, ni la Argentina de Milei —menudo personaje—, ni, por supuesto, nada parecido al país sufrido que regenta despóticamente el neozar. «Nosotros», le dije, «tenemos la parte de indignidad que, al parecer, nos ha tocado en el reparto. Pero porque nuestro trozo de ese pastel indeseable sea algo menor, no debemos conformarnos ni creernos eso de que vivimos en el mejor de los mundos. Puede que no sea el peor, seguramente no. Pero bueno, desde luego, no es».

Y, por descontado, lo que no quiero es ser Koldavia. España me sigue gustando. Por eso la quiero mejor de lo que es ahora, en estos tiempos de desconcierto.

AL «JEFE» LE ASQUEA LA KOLDOCRACIA, SEGURO

Cierto: el asesor monclovita al que me refiero —y cuyo nombre, lamentablemente, no puedo divulgar— no representa, por mucho que algunos se empeñen, a Koldavia. Es un hombre honrado, creo. Pero tampoco representa a Ucolandia: no tiene afán regenerador ni el valor de denunciar al superior en público cuando, íntimamente, cree que debería hacerlo.

En la Moncloa, en suma, no hay héroes. Quizá tampoco demasiados villanos. No creo que se identifique con esos ladrones puteros horteras (todo presunto, por supuesto) que van a saco. Pero no estoy dispuesto a poner la mano en el fuego —quizá me quemaría aún más de lo que ya estoy— por nadie.

Estoy casi seguro, eso sí, de que al inquilino de la Moncloa la koldocracia le asquea, aunque seguramente la haya tolerado como se tolera la travesura de un niño fastidioso al que no queda más remedio que tener en casa. En cuestiones económicas, «el jefe», él al menos, parece lo bastante honrado mientras nadie demuestre lo contrario. Otra cosa es su ética y su estética políticas, que le desmontarán ante la Historia y, más a corto plazo, ante sus propios aplaudidores de hoy, futuros abucheadores de mañana.

Porque tampoco es que el poder monclovita haya apostado precisamente con entusiasmo por las investigaciones de la UCO para limpiarlo todo, incluidos los hechos ocurridos en la Moncloa, «sección Begoña Gómez». Ahí es donde el inquilino puso pie en pared: «A mi señora no la cuestiona nadie o me marcho», dijo un día —abril de 2024— y, tras retirarse cinco jornadas a meditar en el desierto (o sea, en la Moncloa), como un anacoreta con Falcon y coche blindado, no se marchó, por supuesto. Habría ido contra su carácter «resiliente», vamos a llamarlo así. Y contra su permanente inveracidad, que consiste, como los cucos, en poner los huevos en un sitio y dar los gritos en otro. Solo que los pájaros lo hacen para proteger a sus polluelos, y el monclovita, el muy pájaro (con perdón, recuerde lo del *animus iocandi*), lo hace para protegerse a sí mismo y a su colchón. Bueno: y a Begoña. Y al Falcon.

LO QUE LE PODEMOS EXIGIR A FEIJÓO

A lo que sí parece dispuesta la Moncloa —dice el tópico, que no siempre exagera— es a saltarse todas las reglas del juego, incluyendo la Constitución, la verdad y lo que haga falta para seguir en la alfombra roja del poder el mayor tiempo posible (ellos dicen que para completar su misión e impedir que llegue la «ultraderecha»). Y eso, pureza democrática, lo que se dice pureza democrática, no es.

Lo cual no justifica ciertos comportamientos de la oposición, que poco a poco se ha acostumbrado a tomar como rito casi inevitable los manejos antidemocráticos del poder. «No podemos exigirle a Feijóo más de lo que le exigimos a Sánchez», me dijo un querido colega en una tertulia radiofónica en Onda Madrid.

«Claro que podemos. Y debemos», le repliqué. «Porque lo que precisamente esperamos de la oposición es que haga esa política nueva, revolucionaria, que queremos y necesitamos. No parches».

Eso es lo malo: que hay demasiada tierra quemada entre los dos grandes incendios. Y uno, entre los «malos» —los koldavos— y los que creemos «buenos» (o al menos mejores), que son, o eran antes de la «reforma» del cuerpo, los uconianos,

60

uno, decía, situado en esa tierra de nadie, también calcinada, ya no sabe en qué unidad de quemados podrían atender su alma, crecientemente tostada.

Parece un sueño imposible, ese de encontrar un paraíso donde reinen la paz, la verdad y la decencia. Claro: eso, solo eso, ya sería una auténtica revolución.

Gallego&Rey en *El Mundo*.

Tomás Serrano, en *El Español*.

Capítulo 7

El fuego de la revolución

SI NOS QUITÁIS LOS SUEÑOS, NO OS DEJAREMOS DORMIR

Cuando, a finales de mayo de 2011, decidimos trasladar durante un día la redacción de *Diario Crítico* —el periódico digital que yo entonces dirigía— a un tenderete en la Puerta del Sol, tomada por los «indignados», pude leer una frase que me impresionó, escrita en las paredes de la estación del metro: «Si nos quitáis los sueños, no os dejaremos dormir».

Confieso que algo se me quedó dentro de las dos revoluciones que viví: una más de cerca que la otra. La primera, la de los Claveles en Portugal, en 1974 —yo estaba allí, en pleno franquismo, de jovencísimo corresponsal, y acabé, aunque solo fuese un rato, de clandestino en el Partido Comunista—. Y la segunda, aquella de mayo de 2011, cuando decenas de miles de personas se manifestaron en más de cincuenta ciudades españolas contra la crisis económica, la corrupción y el bipartidismo, al grito de «indignaos».

Estábamos todos, sí, muy quemados. Aproximadamente —calculo— la mitad de quemados que ahora. Lo que ocurre es que hoy no acabo de ver revolución alguna en el horizonte, de tan desesperanzadamente quemados como estamos.

En la Puerta del Sol se instalaron gentes de casi toda edad y condición, hartas de la marcha que llevaban las cosas en los tiempos de José Luis Rodríguez Zapatero. Luego, el entusiasmo se convirtió en catecismo y nació Podemos, y apareció la figura —sí, aquella de la que Pedro Sánchez dijo que, si llegaba al poder, no nos dejaría dormir— de Pablo Iglesias. Pronto todo se derrumbó y el hombre que no iba a dejarnos dormir se convirtió en vicepresidente de un Gobierno al que, por benevolencia, llamaré «travieso», aunque tengo definiciones menos juguetonas. Y alguno tuvo pesadillas, incluso alguno durmiendo encima del famoso colchón de la Moncloa.

Andábamos todos quemados con él (con Iglesias, no con el del colchón, que algo también): quería instaurar una nueva forma de entender la izquierda a base de propuestas demagógicas, de una revisión de la Historia —«el candado del 78»— y de un estilo desenfadado, inelegante, provocador. Muy *gauchiste*, eso sí.

¿ERA ESO LA IZQUIERDA?

Muchos acabamos muy quemados —hay que decirlo— de aquel estilo sin precedentes que, en la Puerta del Sol, parecía, al principio, ilusionante, prometedor. Como en Mayo del 68 —una revolución que a muchos *boomers* nos pilló demasiado jóvenes y con demasiado franquismo—, creímos que bajo el adoquinado estaría la arena de la playa. Error: bajo el asfalto están las catacumbas, los pozos sépticos. Tal vez un resto de muralla mozárabe que inmediatamente se tapa, no vaya a ser que Patrimonio te pare la obra.

Con lo de los «indignados» pensamos que algo nuevo había llegado, al fin. Luego resultó que era, en buena medida, una pandilla de aprovechados, demagogos y mentirosos, cuyos jefes acabaron en el famoso chalé de Galapagar tras elogiar el vivir en Vallecas, cometiendo todos los excesos posibles. Y, como ya dije, terminaron luciendo palmito en Menorca con la pandi de amigotas mientras el país ardía en múltiples incendios.

¿Era esa la izquierda? ¿Lo era el «nuevo» Partido Socialista, la novísima Sumar, el viejísimo Partido Comunista? ¿Gabriel Rufián como rostro de una izquierda aglutinada? ¿O lo eran los sedicentes socialdemócratas, como Guillermo del Valle y su Izquierda Española, que acabó pontificando semana sí semana no en Canal 13, donde —con conocimiento de causa, que allí fui tertuliano años— puedo decir que se cocía lo más reaccionario que se asomaba a las pantallas? ¿Son los escasos disidentes del PSOE, liderados por Jordi Sevilla, ya quemados por haber ejercido cargos «del pasado» y casi inactivos en el presente, la verdadera izquierda?

PUES ANDA QUE LA DERECHA...

¿Cuáles eran —son— los sueños de esa izquierda poliédrica? Nunca lo supe. Tampoco cuáles eran los sueños de la derecha, o de las derechas, más allá de que su jefe suplantase al actual inquilino de la Moncloa en ese colchón del cuarto presidencial. La derecha española carece de rumbo suficientemente definido y de una autoridad moral que hacer pesar sobre los dislates de la izquierda; izquierda que tampoco, insisto, es que tenga un rumbo medianamente trazado. El bipartidismo va como pollo sin cabeza. Los demás... para qué hablar.

¿Y el centro? Solo diré que su último líder, Albert Rivera, vendió la primogenitura del sentido común al plato de lentejas de la marca Malú, y que cada cual me entienda como mejor le acomode. Hay asuntos en los que conviene no abundar para evitar sentir demasiada lástima por quien, por sus debilidades, no merece más que indiferencia. Pero Rivera —con quien tuve alguna discusión que pudo rozar lo acalorado— es uno de los grandes culpables de que esta historia no haya salido bien. Y seguimos necesitando un centro: algo nuevo, más ambicioso y exitoso que la multitud de partiditos que hoy pululan intentando okupar ese espacio.

En resumen: sumados izquierda, derecha y centro, pocos sueños útiles quedan al margen del sueño de la conquista del poder, la verdad. Y hablar en estos términos —izquierda, derecha, centro— empieza incluso a sonar un poco anticuado, porque muchas veces, en lo fundamental, los programas de los partidos nacionales (PSOE y PP) son, en el fondo, bastante parecidos. No son revolucionarios.

Yo me formé en la creencia de que nuestros representantes luchaban por mejorar la existencia de los ciudadanos en general, y de cada ciudadano en particular. Pero el viejo patriotismo quedó sustituido por el nuevo conformismo: el «sálvese quien pueda», el «ande yo caliente y fastídiese la gente» de hogaño. Todo ello envuelto, eso sí, en retórica «progresista» o «conservadora», «socialdemócrata» o «liberal», que a menudo sirve para tapar los verdaderos propósitos de quien la pronuncia: el poder.

Claro: «ellos», los que dicen representarnos y a los que damos nuestros impuestos y nuestros votos —bueno, quien se los dé— viven pendientes de su propia supervivencia, con un horizonte temporal cortísimo, como tanto he repetido: 2027. Y a quien Dios se la dé, san Pedro se la bendiga.

El viejo refranero español —egoísta, cínico y cazurro— se reinventa hoy con perfiles más sofisticados y peligrosos. Nadie piensa ya en revoluciones regeneracionistas; como mucho, en devoluciones: «Devuélveme el poder que el otro detenta de forma lastimosa... para detentarlo yo». Quizá no menos lastimosamente.

JUEGOS DE TRONOS EMÉRITOS

Juego de tronos, sí, como tan cínicamente sugirió Pablo Iglesias al regalar al rey Felipe VI la serie completa Ideada por David Benioff y D. B. Weiss para HBO.

Creo que aquella de 2011 fue la última oportunidad de cambiar el paso de la política española: revolucionar usos y costumbres e instalar, en lugar del encanallamiento y la degeneración, una ilusión colectiva basada en el consenso. O sea: como en 1977. Pero, claro, desde aquellas Cortes constituyentes han pasado casi cincuenta años. Y en ese trayecto hubo de todo —yo diría que en su mayor parte bueno— hasta llegar, en 2014, a la abdicación del rey Juan Carlos I, cuando tantas cosas aceleraron la decadencia política.

El «emérito», por cierto, es otro que nos tiene muy quemados, sobre todo a quienes en algún momento llegamos a apreciarle. Pocas cosas queman más que la conciencia de haber dilapidado una parte de tu mejor Historia. Y eso Juan Carlos de Borbón y Borbón lo hizo con aplicación: dilapidó la suya y, de paso, la de quienes vivimos cuarenta años bajo su reinado.

En resumen: andamos muy quemados pensando en lo que pudo ser y no fue; y, sobre todo, en por qué no fue lo que debería haber sido.

Hemos estado a punto de convertirnos, de verdad, en ejemplo político para el mundo. Y, sin embargo, nos hemos ido degradando hasta ser espejo de lo que no debe ser: la antivirtud. Y no me diga usted que exagero por culpa de lo quemado que estoy. Estoy quemado, más bien, porque con este panorama la realidad supera cualquier exageración. Si John le Carré viviese y llevase a su editorial un guion contando la décima parte de los disparates que ocurren en España (bueno, y en el mundo), se lo rechazarían por inverosímil.

Pues eso: que nuestros sueños derivaron, más bien, en pesadilla. A ver si me niega usted que, a la larga, esto te torra.

Capítulo 8

Cuando quien te quema es ese amigo que llevas en el bolsillo

ALICIA, EN EL PAÍS DE LAS PESADILLAS

Alicia Hernández, que durante más de un cuarto de siglo ejerció como la colaboradora más eficaz en casi todos mis locos emprendimientos profesionales, bebió hasta las heces del cáliz de pesadillas al que me refería en el capítulo anterior. Era la encargada de fijar citas, comprobar datos, llevar agendas, establecer contactos, enterarse del funcionamiento de esas cosas que algunos sádicos se empeñan en que sean incomprensibles e inaprehensibles.

Y claro: Alicia pronto comprobó eso que usted y yo hemos experimentado hasta la desesperante saciedad. Que los teléfonos —oficiales o de empresas privadas, da igual— no funcionan cuando se trata de números destinados a recabar informaciones que nos son precisas, incluso imprescindibles. Que, cuando funcionan, te contesta un asistente virtual al que no le puedes explicar tu problema. Que, cuando es un humano el que está al otro lado del hilo, parece entenderte aún peor que el virtual, porque tal vez se trata de un simpático/a joven que te habla desde el otro lado del mundo y está entrenado para darte respuestas que aplaquen tus impaciencias, pero que no resuelven —por supuesto que no— tus problemas.

Así, la mayor parte de los teléfonos a los que acudes como un náufrago en busca de socorro están diseñados para hacerte perder el tiempo... y el magnífico humor con el que te habías levantado esa mañana de primavera.

Y lo mismo vale para las páginas web en las que, por fuerza, te hacen verter tus reclamaciones, tus reservas de billetes —alguna central de reservas puede llegar a ser temible—, tus ruegos y preguntas. Al no haber una «persona humana», con perdón del chascarrillo, atendiéndote, los vericuetos que has de recorrer, ese falsísimo progreso que es la automatización de reclamaciones y gestiones —tampoco hablemos ya de la Seguridad Social: un tormento—, se convierte en eso: una auténtica pesadilla. ¿Quién me asegura que alguien no se ha sentido quemado, pero bien quemado, cada vez que ha tenido que afrontar la ordalía?

HOLA, SOY TU ROBOT DE CÁMARA

Un país no funciona, en primer lugar, si no funcionan al menos razonablemente los teléfonos de reclamaciones o las páginas web de inscripciones y trámites burocráticos. Pensar que progresamos porque nos ahorramos un puesto de trabajo gracias a un loro mecánico que habla (es un decir) con nosotros es, simplemente, un atraso. Externalizar a los gestores, repartiéndolos por todo el mundo, también es una barbaridad desde el punto de vista del consumidor.

La robotización puede estar bien como ayuda doméstica, y hasta puede que se creen robotos y robotas tan cercanos al humanoide que uno llegue a enamorarse. Pero cuando el robot verbal no es quien te trae la cerveza o te aspira el sofá, sino quien contesta tu llamada indignada porque te han subido la luz sin avisarte, entonces estamos retrocediendo décadas.

A Larra, cuando le decían «vuelva usted mañana», al menos se lo decían a través de alguien con rostro, ojos y boca, aunque fuesen el rostro, la mirada y el habla de un burócrata de mierda. A nosotros nos atiende alguien que ni siquiera está inscrito en la Seguridad Social; y así, ¿cómo va a entender la pobrecita máquina nuestras angustias administrativas, que no suelen ser pocas en este país del despropósito?

Y ya le digo: si no es máquina y es una señorita peruana o un señor ecuatoriano que nos habla desde Lima o desde Guayaquil, pongamos por caso, casi es peor. Les importamos lo mismo que al robot.

Podría incluir en este capítulo el espinoso asunto de los trámites bancarios. O las gestiones para que la Administración autonómica, o el puñetero Ayuntamiento, cumplan su compromiso de devolverte dinero por haber instalado placas solares en tu casa. O los trámites ante la increíblemente nefasta e injusta legislación antiokupa, que nadie parece dispuesto a arreglar ni siquiera mínimamente. O la nula atención que te prestan, sin responder jamás, a quejas e ideas que depositas en el registro oficial de tu Ayuntamiento —no sé para qué lo mantienen; total, para lo que vale—…

Serían demasiados ejemplos para la breve extensión de estas páginas. El trato al ciudadano por parte de las administraciones —y estoy a punto de incluir los legajos eterrrrnos de la Justicia— es casi siempre insatisfactorio, cuando no decididamente degradante. Y esto Alicia, cuya triste misión era hacer más fáciles mis peleas con las instituciones, ha podido constatarlo fehacientemente.

A estas alturas habrá percibido usted que insisto una y otra vez en lo mismo: el país no funciona. Sé que esta afirmación molestaría al gobernante si se tomase el trabajo de leer este libro. Pero ¿por qué iba a leerlo, si en realidad no lee ninguno, y mire que los hay verdaderamente imprescindibles (de este no diría yo tanto, aunque sea mío)? Y aunque, por casualidad, lo leyese, poco le aprovecharía: él, el muy húbrido, cree siempre que tiene razón y que tú eres un quejica imbécil y amargado.

En todo caso, el gobernante —y no solo él— está convencido de que vive en el mejor de los mundos. Si no me cree, pregunte por la gestión tras los incendios de mi pueblo: el pueblo le contestará una cosa, y la corporación municipal, otra. Como hace el Gobierno con los ciudadanos. La misma maquinaria con distintas siglas.

El individuo se siente solo ante la maquinaria administrativa, institucional y, no pocas veces, empresarial. Cada ocurrencia de ciertas «estrellas» de la política, la banca o las empresas —o de nuestro alcalde— acaba costándonos cara y zahiriéndonos aún más, porque, nos dicen, es «por nuestro bien». La Administración olvida al doliente y tiene muy presente al contribuyente.

LOS ESPAÑOLES, EL PUEBLO MÁS FUERTE DEL MUNDO

Siempre digo y repito que España es un gran país... perfectamente susceptible de mejorar, para evitar, entre otras cosas, dejar de serlo, camino por el que transitamos a gran velocidad.

Hay que situarse en medio de la plaza, no en el extremo que lo ve todo maravilloso ni en el que lo ve todo negro, como se evidencia en cada debate parlamentario entre nuestras fuerzas partidistas.

Y ya tenemos a las dos Españas bismarckianas enfrentadas por cualquier motivo. Cuánta razón tenía el «canciller de hierro» cuando decía —a él se le atribuye la frase, al menos— que los españoles somos el pueblo más fuerte del mundo: llevamos siglos intentando matarnos los unos a los otros y aún no lo hemos conseguido.

En suma, no está el horno para demasiados bollos críticos. Ni para que la quijotesca Alicia, heroína que, si fuese alguien menos duro, estaría a punto de tirar por los aires los papeles y la toalla, se enfrente cada día a los gigantes que, en lugar de molinos, son teléfonos oficiales. Ella, desde su eficacia implacable, sí que tendría derecho para estar, me temo, quemada.

¿QUIÉN ME PROTEGE DE MI TELÉFONO MÓVIL?

Y ahora que hablamos de teléfonos: ese adminículo en el que todo el mundo va sumergido en el tren de cercanías o en el autobús (allí nadie lee un libro ni por azar). A mí me pone negro que mi pantalla me pregunte, al salir de una cafetería, qué tal me han parecido el chocolate y los churros; y de milagro no me inquiere acerca de quién era la rubia que me acompañaba.

Me dijo un día el general Sanz Roldán, que durante años dirigió el CNI, que un teléfono puede ser controlado incluso cuando está apagado. No le pregunté cuántas veces esos controles se ejercen de forma *non sancta*, sin el preceptivo permiso del juez. No me habría contestado. Pero que llevamos en el bolsillo al Gran Hermano —más enemigo que amigo— es algo que nadie me va a quitar de la cabeza.

¿Y quién les da mis datos a determinada compañía telefónica, a tal portal de negocios, a esa aseguradora, para que me llamen ofreciendo servicios o se presenten como «amigos virtuales» e intenten indagar cualquier cosa sobre mí y mis circunstancias, que diría el gran Ortega? Hemos perdido —porque nos lo han quitado y, sobre todo, porque lo hemos entregado— el concepto de privacidad, de intimidad.

Me quema que no se haya planteado aún una regulación planetaria para evitar que nuestro «amigo» el *smartphone* se inmiscuya así en nuestras vidas. Bueno, no es exactamente el *smartphone* quien se inmiscuye, sino el creador del algoritmo que vigila —sin que nadie se lo haya pedido— lo que hago o dejo de hacer con y desde mi teléfono. El mío —y no me llame paranoico— está más abrasado que Juana de Arco. Y yo con él.

Pues eso: ¿quién nos protege de nuestros propios *smartphones*? ¿Quién nos protege de los excesos de la IA, de los tiburones de Silicon Valley? Incluidos, claro, todos los intentos de ciberestafa que nos llegan a través del móvil, que es otro motivo de abrasamiento: el compañero más constante, al que confiamos tantos secretos, se ha convertido en nuestro potencial peor enemigo.

Y lo peor es que, como nos dijo un día el inventor del teléfono móvil, Martin Cooper —un encantador joven de noventa y cinco años—, a un grupo de periodistas en el Mobile World Congress de Barcelona, el chip de nuestros *smartphones* acabará implantado en alguna parte del cuerpo no muy tarde. Y entonces nosotros seremos nuestro propio Gran Hermano. Dios mío…

¿Es o no este un país de pesadilla, Alicia? ¿Que hay otros países en el mundo —todos, quizá— que también lo son, de una u otra manera? Seguramente. Pero ese mal de muchos, a mí —que tonto del todo no debo ser— no me consuela: me quema todavía más.

Y debemos pensar en un futuro sin quemaduras. El que debería encarnar, si nada se tuerce —este es el país de los esguinces, cuando menos—, la era de Leonor I, allá por 2050… o, más bien, antes.

Tomás Serrano, en *El Español*.

Ramón en *Hermano Lobo.*

Capítulo 9

Te quemas cuando nadie parece pensar en el porvenir de nuestros hijos y nietos

«NOSOTROS O EL CAOS», DIJO. «¡EL CAOS, EL CAOS!», RESPONDIÓ LA MASA

Es el Cambio, estúpido fue el título de un libro que escribí en 2016 con mi actual colega de pódcasts Federico Quevedo, en un momento de depresión política para muchos. Bueno, bien mirado, la depresión política lleva acompañándonos bastante tiempo. Yo diría que se acentuó desde que —ya lo he dicho— en 2014 comenzó la era del caos. Aunque Federico y yo, en aquel libro, la llamamos «la segunda transición». Un subtítulo, bajo el titular principal, que irritó bastante a Mariano Rajoy, entonces presidente del Gobierno, cuando se lo entregamos en Badajoz, un día de campaña electoral.

Rajoy, buena gente —que no era precisamente un lince de la política—, no creía (no quería creer) en esa segunda transición; menos aún habría estado de acuerdo en que, siendo él presidente, y no exactamente por su culpa —ni, menos todavía, por la del nuevo rey que sustituía a Juan Carlos I—, se inauguraba esa era del caos.

Pero 2016, cuando iban a expulsar casi a patadas a Pedro Sánchez de Ferraz, ya fue un año de caos político indiscutible. Como lo fue 2017, con los tristes sucesos en Cataluña, o 2018, con la moción de censura de la «mayoría Frankenstein» que llevó al renacido Sánchez al poder. Y lo que ha venido después lo tenemos demasiado reciente en la cabeza. Y en el corazón, cada día más ennegrecido por el fuego. Y en hemerotecas traicionadas por quienes las protagonizan.

Permítame citar aquí a otro humorista, Ramón, con aquella portada en *Hermano Lobo* en la que un prócer, desde el atril y el altavoz, advertía a la multitud: «Nosotros o el caos». Y la multitud, unánime, respondía: «¡El caos, el caos!». «Da lo mismo», replicaba el prócer, «nosotros también somos el caos».

¿CRISIS DE GOBIERNO? DE ESO NADA (PS *DIXIT*)

Y cuando el caos se desata, la cosa tiende a empeorar. 2025 fue, sin duda, un año desastroso para quien aún conserve la esperanza de una democracia como a muchos nos gustaría: participativa, libre, reivindicativa, con controles del ciudadano sobre sus representantes y con una transparencia máxima que garantice derechos individuales y colectivos.

Poco, muy poco de todo eso hubo en los últimos once años de la política española. El asunto fue empeorando año tras año hasta desembocar en un 2025 cuajado de revelaciones sobre una corrupción socialista que, a juicio de muchos, sobrepasaba incluso a la corrupción que conocimos antes en el Partido Popular (y, secundariamente, en otros, claro).

A los escándalos se sumaron conductas sexuales impropias —o directamente inaceptables— atribuidas a dirigentes del PSOE. Y todo ello en medio de un desconcierto patente en Ferraz, de donde algunos desaparecían discretamente, y en una Moncloa atiborrada de asesores empeñados en errar.

El ministro del Interior, enfrentado a la Guardia Civil por las investigaciones de la UCO; el de Justicia, con una mayoría de jueces; el de Función Pública, con sectores de funcionarios a los que ni siquiera las subidas les calmaban; Exteriores, criticado por una parte significativa de los diplomáticos por su «arbitrariedad»; Sanidad, con una huelga de médicos, y la vicepresidenta primera y ministra de Hacienda, María Jesús Montero, enfrentada nada menos que a los presupuestos, incapaz de sacarlos adelante durante tres años. Todo ello, claro, sin hablar del ministro de Transportes, enfrentado nada menos que con los trenes…, y con sus propios excesos en las redes sociales. Un ministro abrasado que se negaba, inicialmente, a dimitir.

Y Sánchez, insistiendo en que su Gobierno se comportaba de manera espléndida y negándose, en momentos de zozobra, a una remodelación que no fuese la sustitución de la ministra portavoz y de Educación, Pilar Alegría. Y solo porque tenía que presentarse, como candidata errónea, a las autonómicas de Aragón, con el resultado ya sabido.

Ese panorama —juicios y declaraciones de dirigentes corruptos, una sentencia de inhabilitación contra el exfiscal general del Estado, los casos judiciales de la mujer y el hermano del presidente— componía un cuadro agobiante. Tanto que la vicepresidenta segunda y ministra de Trabajo, la figura más descollante (y polémica) de Sumar, pidió en público una remodelación en toda regla, denunciando como «insoportables» la corrupción y los puteros.

La Moncloa, como quien oye llover. Y la vicepresidenta, socia incómoda, pero socia al fin, reculando. Porque fuera, lo dicho: hace frío. Mucho.

CON LA IGLESIA HEMOS TOPADO, AMIGO SÁNCHEZ

Por si le faltaba algo a Sánchez, el presidente de la Conferencia Episcopal, monseñor Luis Argüello, se lanzó en picado contra el estado político de las cosas, abandonando la cautela eclesial de siempre y subrayando que la situación tenía solo tres salidas: elecciones anticipadas, cuestión de confianza y/o moción de censura. Esta última, desde luego, no dependía de Sánchez, sino de una oposición dubitativa y algo melindrosa. En cuanto a las otras dos, el silencio enrocado de Moncloa: el «no» por respuesta.

Que la Iglesia critique al poder político con tanta frontalidad es inusual en España, donde los jefes de Gobierno —y de Estado, desde luego— han procurado llevarse razonablemente bien con la jerarquía apostólica. Que aún conserva, no sé hasta cuándo ni cuánto, un cierto ascendente moral sobre una parte de la población. Aunque también es cierto que la quemazón está empujando a no pocos, dicen las encuestas, hacia el regreso a las religiones: cuando la tierra te asfixia, mejor pensar en el cielo.

«Con la Iglesia hemos topado, amigo Sánchez», escribí yo aquel día, parafraseando una frase del *Quijote* (por cierto, tan mal interpretada). Y muchos entendimos que la reprimenda de Argüello tenía el aire de un fin de época. Los obispos también estaban quemados con un Gobierno que había tolerado índices de corrupción e inmoralidad que a la curia le parecieron demasiado graves durante demasiado tiempo.

Ya, por lo visto, no se justificaba más el silencio episcopal. La jerarquía, que nunca le fue simpática a Moncloa (y viceversa), se sumaba —de hecho— a una oposición sostenida por jueces, sectores profesionales y mediáticos, por una parte importante de empresarios y fuerzas de seguridad, colectivos institucionales, autonomías, Senado, etcétera.

Las dos Españas, enfrentadas como nunca en décadas, ante un proceso electoral que se sospechaba incapaz de solucionar la gobernabilidad. Y que, sin embargo, debía cambiarlo todo. Desde la España de la economía B hasta la España de la «serie C» en tantas cosas.

LO QUE VERDADERAMENTE QUEMA ES EL FUTURO

Y entonces, sumido en la inestabilidad, en la incertidumbre, preguntándote qué será de la sociedad en la que tus hijos y nietos asumirán responsabilidades, te das cuenta de algo terrible: lo que de verdad quema no es tanto el pasado —a veces indignante— ni el presente —repleto de incongruencias—. Lo que más quema, y esto es lo peor, es el futuro.

¿Qué será de España meses después de las elecciones? ¿Servirán para clarificar el panorama? ¿O, como ya es habitual, la configuración de la normativa electoral nos mantendrá sumidos en ese caos de ingobernabilidad y falta de acuerdos que lleva años paralizando a las administraciones —aunque, por fortuna, no siempre a la sociedad civil—?

No quiero ser otro agorero de los que he criticado, pero uno sabe que con estos mimbres es difícil que salga un cesto decente.

AH, ¿NO SE LO HABÍA DICHO? PUES SÍ: SOY AUTÓNOMO, JUBILADO PARCIAL, TELETRABAJADOR

¿Cuál es ese futuro que tanto quema a quienes aún creemos que hay que construir algo mejor para nuestros hijos y nietos? Un futuro que arranca, inevitablemente, del presente.

Son tantas las cosas que se han trastocado en los últimos años que aún no sabemos bien cómo encararlas: el teletrabajo en toda su dimensión y los cambios habitacionales que provoca; los derechos laborales… Y, a la vez, esas situaciones híbridas en las que uno está dentro y fuera del sistema.

(Ah, ¿no se lo había dicho aún? Soy autónomo, con jubilación parcial, escribo desde casa, voy de vez en cuando a una tertulia radiofónica y mis gastos me los pago yo para luego pelearlos —son pocos— con un inspector que da la impresión de que Hacienda reserva para los periodistas *moscacojoneros,* un trato que a algunos se les antoja «especial», ejem).

Comprendo que el autónomo, con el régimen fiscal que le han dado y las escasísimas ayudas al emprendimiento (en un país donde se llena la boca de elogios al emprendedor mientras se engorda al sector público), sea alguien básicamente cabreado: se le acumulan los deberes y le desertan los derechos. Y, sin embargo, los autónomos deberían ser una base natural del progreso.

Y sobre la jubilación (parcial, es decir: trabajas casi lo mismo, pero con menor pago del Estado), o sobre el teletrabajo —que te encierra en tu jaula de leones—, habría mucho que escribir, bueno, malo y peor. Y mucho contra lo que rebelarse. Pero a estas alturas del libro, ¿qué voy a decirle a usted sobre motivos para estar más quemado que un loro en un velatorio? No se avizoran salidas fáciles.

NACEMOS POCO Y MORIMOS POCO, ASÍ QUE...

Y luego está la pirámide poblacional: nacemos poco y morimos poco, lo que acelera el envejecimiento, sobre todo en Occidente, y de forma especial en España. Somos uno de los países con menor tasa de fecundidad del mundo (solo seis naciones tienen una tasa más baja). Será que practicamos poco, por eso se dice que los españoles estamos siempre cabreados.

Eso abre un panorama desconocido: si dentro de veinte años una tercera parte de la población tendrá más de sesenta y cinco, cambiarán el ocio y el negocio, los viajes, la forma de las ciudades, la salud, la alimentación, la edad de jubilación, el concepto de política, el Estado del bienestar, la cultura... y hasta el concepto del amor. Y el del dichoso edadismo.

¿Hay alguien ahí fuera diciéndoles a nuestros zetas que tendrán que regular todo este Cambio? ¿Alguien preparando en serio —no solo el funcionario de turno de Moncloa— el porvenir? No haré más preguntas, señoría.

Bueno, sí: una última. ¿Cómo quiere usted que uno no ande quemado ante el futuro, no por ser futuro, sino porque hay una certeza que nadie puede discutir: llega un momento en que tu futuro se apaga?

Gallego&Rey en *El Mundo*.

Capítulo 10

Cuando la que está quemada es la ley fundamental

LA SOLUCIÓN: OTRA CONSTITUCIÓN (O SEA, LA REBELIÓN)

Una de las derivaciones de las dos Españas se concentra en una pugna —pacífica, de momento, pero en creciente tensión— entre quienes consideran urgente modificar la Constitución y quienes, invocando la necesidad de respetarla casi religiosamente, rechazan cualquier cambio en la ley fundamental.

No es una batalla que suela abrir portadas. Porque este país se encalla y se encanalla en la coyuntura permanente: vive del escándalo diario y se ocupa menos de cuestiones que, siendo más importantes, operan en el medio y largo plazo. Pero es una batalla subterránea, una combustión lenta que abrasa en la oscuridad.

Yo, personalmente, me incluyo en el primer grupo: el de quienes creen que es necesaria —y ya urgente— una reforma a fondo de la carta magna. Va camino del medio siglo y nació en un mundo completamente distinto: ajeno a la digitalización, al euro, a la robótica, al metaverso, a las criptomonedas, a la nueva geopolítica, a las nuevas filosofías y hasta a los nuevos conceptos de felicidad, de amor y de realidad. Y ajeno, también, al envilecimiento del antaño mejor concepto de política, un envilecimiento que se extiende por todo el planeta.

EL MUNDO, ALGO DORMIDO, DE LOS ZZZZETAS

El mundo de Leonor I será, en suma, por completo distinto al nuestro; incluso distinto al que hoy conoce la propia generación de la princesa. Y algo que nos quema —o debería quemarnos— es el escaso grado de compromiso de los zetas (los nacionales, al menos) con cualquier futuro que vaya más allá de la semana que viene.

No es que yo culpe a nuestros hijos y nietos de su escasa disposición a la revolución que necesitamos, confío en que se me entienda. Hablo de una revolución de ideas: pacífica, integradora, capaz de asumir debates para desembocar en el Acuerdo.

Pero la verdad es que en otros lugares los coetáneos de nuestros hijos muestran un espíritu bastante más combativo, que recuerda al movimiento indignado y que, a su vez, recordaba al Mayo del 68: aquel «prohibido prohibir» o «seamos realistas, pidamos lo imposible», dos frases que siempre me han gustado especialmente.

Es cierto que los zetas se movilizan en contextos muy distintos a los españoles: Nepal, Hong Kong, Chile, Marruecos, entre otros, han visto grandes movilizaciones de muy jóvenes con consignas diversas. Movimientos duros, con muertos incluso, que acabaron mereciendo la comprensión de «los mayores» y que, en algún caso —Nepal— llegaron a tumbar un Gobierno corrupto.

Pero aquí, en este universo tan nuestro, no tenemos esos conflictos: tenemos otros, afortunadamente de diferente clase. *Spain is different*. No hay protestas organizadas por motivos concretos y coyunturales y, menos aún, en favor de una profundización y mejora de la democracia.

El caso es que nuestros zetas están bastante desvinculados de la lucha política, como dormidos. Salvo un fenómeno inquietante: un porcentaje significativo de jóvenes se está pasando —ya veremos por qué— al voto dirigido a propuestas extremistas, señaladamente Vox.

Crece la ultraderecha —en Francia, Alemania, Austria, Países Bajos, Gran Bretaña, Italia, Portugal y, últimamente, en menor grado, en algún país nórdico y del Este—, para no hablar de latinoamericanos como Argentina o Chile, por poner dos ejemplos significativos. De Estados Unidos ya ni hablamos, ¿verdad?

¿Y por qué ocurre esto? Tengo varias respuestas posibles, ninguna concluyente. Creo que, antes que nada, debemos examinarnos a nosotros mismos —los mayores—, nuestros comportamientos y nuestra falta de ideales.

A mí, claro, todo esto me quema. No creo que los populismos, con la antiinmigración por bandera, sean una solución para el futuro de la humanidad. No lo han sido nunca los extremismos. La Historia de los hombres es la historia de las grandes migraciones, y ahora estamos ante una de esas migraciones que cambian la Historia. No podremos detenerla.

Si hay que buscar culpables —y hay que buscarlos—, insisto en que la culpa recae primero en las generaciones precedentes. Comenzando por nosotros, los *boomers*, que tanto hemos visto... y tan poco hemos aprendido.

La condena generalizada a la juventud me parece injusta y desenfocada. No hemos sabido imbuirles, con suficiente fuerza, ese ejercicio que al principio de este libro me recomendaba el doctor Ribera: protestar. Es decir —interpreto yo— rebelarnos sin estridencias, sin pendencias y sin paciencia excesiva. Quemar contenedores no es protestar ni es revolucionario: es una putada absurda. Pero mirar desde el balcón cómo salen a la calle los que tienen protestas legítimas y necesarias es otra forma de inutilidad.

LA SOLUCIÓN ES LA REBELIÓN

Así, me lo repito muchas veces, no podemos seguir. No con este grado de alienación y pasotismo ante los *diktats* que nos llegan de arriba, de esa llamada «clase política» —insisto en que el término no me gusta, pero ¿cuál escoger?— cuya única ambición es detentar el poder por las vías que sean, en la mayor cantidad y durante el mayor tiempo posibles.

Tengo que decirlo: somos un mal ejemplo para nuestros hijos y nietos. (¿Hay síntoma más claro de estar quemado que decir esto?). ¿Cómo esperar de ellos abnegación, sacrificio, patriotismo, altura de miras, si con nuestra actitud les enseñamos lo contrario?

Y entonces: ¿predicar la reforma constitucional es ya una forma de rebelión? Sé que reformar la Constitución y aspectos clave de nuestra vida política —por ejemplo, una normativa electoral que hoy impide formar mayorías estables sin esos «extraños compañeros de cama», como decía Churchill— no bastará. No es condición suficiente, pero sí necesaria.

Además, una reforma a corto plazo de la Constitución de 1978 no parece hoy fácil por dos razones principales.

La primera: la hostilidad personal que se profesan quienes representan a los grandes partidos que tendrían que pactar para sumar escaños suficientes. Hablo de personas. Las personas, a veces, son el gran obstáculo del entendimiento. No es de recibo que los representantes máximos de los dos principales partidos nacionales casi ni se saluden.

La segunda: la Constitución fue posible porque en 1978 existía una clase de representantes que hoy, simplemente, no se avizora. Desde Adolfo Suárez y Landelino Lavilla o Miguel Herrero de Miñón a Miquel Roca e incluso —incluso, sí— Xabier Arzalluz; Alfonso Guerra y Felipe González; Gregorio Peces-Barba; Manuel Fraga y Rodolfo Martín Villa; Luis Abril y Santiago Carrillo (Carrillo también, claro)... No todos fueron «padres» de la carta magna, pero contribuyeron a cimentarla. ¿Dónde tenemos hoy un plantel semejante? ¿Dónde sindicalistas como Marcelino Camacho o Nicolás Redondo padre? ¿Dónde patriotas nacionalistas limpios como Josep Tarradellas, hoy calladamente denostado por los que fueron los suyos, con esta degradación moral que padecemos?

Lo malo no es solo que, a primera vista, la talla política e intelectual media de nuestros representantes sea inferior en muchos centímetros a la de los que acabo de citar —a todos los cuales conocí personalmente—. Lo peor es que probablemente nuestros zetas ignoren lo que significaron esos nombres, algunos de ellos maltratados por quienes quieren cortar con nuestra mejor Historia.

SÍ, PODEMOS. PERO ¿QUEREMOS?

Así que, con los mimbres actuales, ¿podemos aspirar a modernizar nuestra ley fundamental, adaptándola a los problemas de hoy —digitalización, europeización, nueva economía, nuevas costumbres—, en resumen, a los tiempos ya casi inminentes de Leonor I?

Sí, podemos. Lo que no sé es si queremos. Me pregunto si la pereza, el miedo y la falta de ideas de quienes aspiran a representarnos no han convertido este país en un secarral político inexpugnable.

Si para salir del atolladero moral hay que optar entre «revolución» o «reforma», me quedo con lo primero, entendido en su sentido más puro, menos viciado, más pacífico. O, al menos, me quedo con «rebelión». O con «protesta», aquella palabra que un hombre sabio, el ya aquí mentado doctor Ribera, recomendaba como receta —entre otras— para una vejez saludable. Y digna.

MIRA QUE SI ESTAR QUEMADO PUDIERA NO SER TAN MALO...

A ver si, desmintiendo deliberadamente las palabras con las que abría este libro, va a resultar que no es tan malo estar quemados. Hablo, claro, de nuestras quemaduras: las de la gente de la calle, no las de ellos, los que nos queman por unos u otros motivos. En ese caso —ellos—, bien quemados están.

Porque nuestra quemadura puede ser, si sabemos encauzarla, el primer paso hacia posiciones de rebelión constructiva, más allá de la mera supervivencia. Y la rebelión tiene que servir para construir, no para destruir; o, si se destruye algo, que sea lo que ya no vale. La inercia es el principio de la muerte.

En mis últimos trabajos, como *El cambio en cien palabras*, trataba de combatir el pesimismo que insuflan algunos filósofos de moda, como Yuval Noah Harari, el nobel de economía Acemoglu o el germanocoreano Byung-Chul Han, premiado con el Princesa de Asturias por su «sociedad del cansancio».

Más allá del relumbrón del premio al filósofo del cansancio, me parece inconveniente asociar el título que ostenta Leonor de Borbón —y que la convierte en heredera de la Jefatura del Estado— a tesis apocalípticas con las que desde hace años nos castigan autores que, eso sí, venden millones. No. Cada vez estoy más convencido de que en España debemos asociar el futuro al optimismo, lejos del catastrofismo y de la autodenigración nacional. Los cambios y el Cambio, si los controlamos bien, serán para mejor.

UN PROGRAMA DE REGENERACIÓN, QUÉ MENOS

La disección del Cambio ha de conducir a la esperanza. La rebelión activa —porque no basta con el diagnóstico: hay que elaborar un programa vivo y posible de reconstrucción, de regeneración— encarna, a mi juicio, esa esperanza.

Es más: quizá, muchas veces, convenga estar quemados para resurgir de nuestras cenizas, como el ave fénix. Sobre todo, si eres joven y tienes casi toda la vida por delante para superar fracasos, abulias y rutinas. La rebelión contra todo eso, y contra la adversidad, es la única receta.

Hay, en suma, digo, siguiendo con nuestra línea, varias maneras de estar quemado: la que te hunde en la desesperación y la impotencia es la peor. Olvidando que uno —mal que bien— se recupera de los incendios (lo sé bien) y, al final, vuelve a brotar la primavera, aunque antes hayas quedado enterrado en cenizas. O te hayan enterrado las cenizas y ya seas solo historia con minúscula.

La otra manera —la recomendable— consiste en talar (metáfora, insisto) los árboles carbonizados, aunque te cueste lágrimas porque convivieron contigo muchos años, para que no se te caigan encima. Y después, replantar. Replantar. Replantar.

Es lo que uno intenta, aunque regresar a la normalidad en tu hogar te haya costado —y te cueste aún— meses, y ya casi nada sea igual. Pero quizá pueda ser incluso mejor, una vez curadas lesiones y quemaduras.

Lo importante es el futuro, no el pasado. Y el peor momento llega cuando descubres que lo que de veras quema es el futuro, no el pasado, y ni siquiera (tanto) el presente.

Y el futuro, aquí y ahora, y quién sabe mañana, se llama Leonor.

Capítulo 11

Cuando el incendio se acerca al palacio de la «princesa de cuento»

NO DEJEMOS QUE LEONOR I SE NOS QUEME

Una cosa es segura: el mundo en el que reinará —si es que reina, ya lo he dicho— Leonor I tendrá muy poco, o nada, que ver con el que hoy estamos conociendo y que tanto nos quema. Para mejor o para peor. Más vale que todos los zetas, de los que ella es por ahora la figura más descollante en España, vayan tomando conciencia: como venimos diciendo, ni la economía, ni el transporte, ni el ocio, ni el negocio, ni la alimentación, ni el espacio exterior, ni el concepto de felicidad, ni el de trabajo, ni siquiera el de amor serán iguales que en este 2026. Ni la política, claro. Ni la Constitución.

Un país no puede —sin quemarse del todo— vivir en la incertidumbre sobre su forma de Estado: monarquía o república. Ni puede pervivir mucho tiempo sin tener claras las reglas del juego, un juego cuyo tablero es la Constitución. Ni es posible un futuro razonablemente estable sin leyes que defiendan de manera eficaz al Estado y a su máxima institución.

Una nación que aspire a un porvenir sin sobresaltos ha de cuidar la probidad de sus instituciones, desde la Jefatura del Estado hasta las comisiones de control de la economía. Ha de velar por la independencia de sus tribunales, por la adecuación del reglamento que ordena la vida parlamentaria, etcétera. Todo ello, naturalmente, sin olvidar un ordenamiento homogéneo y equitativo de su concepto de territorialidad. Que es —debo insistir una vez más— el mayor quebradero de cabeza que, de cara al futuro, tenemos los españoles. Y «ella».

LA ESPAÑA ENCADENADA.
Y ALGO ENCANALLADA

Convengamos en que ninguna de estas premisas se está cumpliendo de manera satisfactoria. Demasiadas vías de agua, demasiados incumplimientos «desde arriba» de leyes básicas y un cortoplacismo intolerable —que va de elección en elección sin trazar líneas prospectivas a medio y largo plazo— jalonan hoy nuestra irregular vida política.

Y, sin embargo, dentro de la irregularidad, hay que reconocer que España ha tenido a la diosa Fortuna de su lado: sobrevivimos a un intento de golpe de Estado que pudo haber sido cruento; sobrevivimos a muchos años de terrorismo especialmente cruel e inútil; sobrevivimos a decisiones económicas plenamente equivocadas; sobrevivimos al cuñadismo, al enchufismo, a la corruptela barata (y no tan barata), a la burocracia cerril.

Y sobrevivimos, llamémoslo así, a las irregularidades cometidas en la anterior Jefatura del Estado, con la abdicación del rey Juan Carlos I, tras cuarenta años de reinado. Una abdicación que, gracias a algunos, se produjo sin demasiados traumas y desembocó en la persona —mayoritariamente bien aceptada por la ciudadanía— de Felipe VI. Aquel día de 2014 terminó, a mi juicio, insisto, la transición y comenzó la era del caos que nos ha traído hasta aquí.

Yo diría que, permitiendo el desmadre institucional, el cachondeo verbal, el conchabeo territorial, el retorcimiento legal, la mentira institucional y la guerra fratricida entre partidos, se lo estamos poniendo muy difícil a Leonor I.

Siempre me he preguntado cuánto tiempo más vamos a seguir tentando a la suerte. Me quema, literalmente me abrasa, este equilibrismo en la cuerda floja de lo inusual, de lo irregular, tantas veces de lo mendaz, de lo iliberal. ¿Es así, concediendo privilegios a quienes no quieren este Estado, como estamos pavimentando el camino de esta mujer hacia la Jefatura de ese Estado? ¿Es esta la manera de allanar el trayecto hacia el futuro, cuyo nombre más previsible sigue siendo, a mi juicio, Leonor de Borbón Ortiz?

PADRES DE LA PATRIA, CONTRA «ESTA» PATRIA

España es un país con peculiaridades territoriales de las que, por fortuna para ellos, carecen otros países de nuestro entorno. Nunca hemos sabido solventar de manera definitiva esas «peculiaridades».

Aceptemos que los gobiernos centrales han ido capeando como han podido los conflictos territoriales —vasco y catalán, especialmente—, pero esos conflictos, que venían de lejos, se han ido complicando en la última década, y no estoy nada seguro de que las soluciones arbitradas por los últimos presidentes hayan sabido dar respuesta eficaz a las crecientes exigencias de nacionalistas y separatistas.

Hoy, no nos engañemos, ni unos ni otros aceptan el marco constitucional ni, desde luego, la forma del Estado. Los representantes de veintiséis de los trescientos cincuenta escaños en la Cámara Baja se sitúan —por decirlo sin excesivos matices— fuera de lo que podríamos llamar el ámbito constitucional, aunque, por convivencia, por conveniencia y porque no pueden hacer otra cosa, respeten el encuadre general.

Por su parte, Sumar y Podemos no son separatistas, pero sí antimonárquicos. Una posición que, en total, y sumados los anteriores, afecta, así, a más de la sexta parte de la Cámara.

Y aunque sospecho que el alma profunda del PSOE es más bien republicana, hay que reconocer que su actuación (hasta ahora) ha respetado escrupulosamente —con mayor o menor afecto, si se quiere— a la Corona: si los socialistas lo hubieran pretendido, hoy la monarquía ya no existiría. ¿Llegará el día en que el «nuevo» Partido Socialista tenga que tomar una decisión definitiva? No me entusiasma la futurología política cuando faltan datos fiables y cuando aún estamos analizando el conteo de las últimas elecciones.

Ahí está el alma rota de dos maneras de concebir el Estado: una monárquica sin entusiasmo; otra republicana por hartazgo. Inmensa tarea la que los gobiernos que vengan —y la propia Jefatura del Estado— tendrán por delante para armonizar, sin traumas ni autoritarismos, esas dos almas. Ahí, precisamente ahí, puede estar la gran pira funeraria, el gran incendio del país que venimos delineando a lo largo de este libro.

OJO AL CELO PROTECCIONISTA

De momento, el futuro previsible se llama Leonor de Borbón y Ortiz, Borbón y Rocasolano, Grecia, etcétera: muchos linajes y procedencias sociales mezclados en una persona de veinte años. Una joven que —encuestas en la mano— parece haber conquistado al menos la benevolencia de la ciudadanía, o de la mayor parte de ella.

Confiemos en que el exceso de celo proteccionista no estropee un trayecto promisorio: a Leonor de Borbón, sus coetáneos y quienes no lo somos habríamos de conocerla mejor.

Lo peor no es que Leonor se nos queme ante el panorama que pueda estar entreviendo. Lo peor es que, entre todos, en vez de quitar rastrojos, sigamos quemando árboles y los mejores pastos, junto con algunas casas y quizá hasta a alguna persona valiosa, en el sendero que la heredera tendrá que recorrer para llegar a la meta..., si es que la meta existe tal y como hoy la imaginamos.

No se nos desanime del todo, princesa. Este es, en el fondo, un gran país al que solo —y nada menos— tenemos que rescatar, con rebeldía, de las llamas voraces de la mediocridad, del egoísmo y de la falta de patriotismo. Total, nada.

Y, por favor, no maten ustedes, entre todos, al mensajero, a los que trasladan la información, como con tanta frecuencia se hace en este país nuestro (y en otros, claro). Supongo que el papel de los periodistas, cuando lo cumplen con conciencia de servicio a la sociedad, no es el de decantarse por una forma del Estado. Es decantarse por la decencia.

Tomás Serrano, en *El Español*.

Paco Somoza.

Capítulo 12

Cuando los quemados son los bomberos de la información

EL PERIODISMO, SI NO LO DEJAS A TIEMPO, TE CARBONIZA

Se ha citado a los periodistas que, como testigos y notarios —no es un tópico excesivo— de la realidad, son, o deberíamos ser, piezas clave para el esclarecimiento de los ciudadanos. Mensajeros de lo que ocurre, si es que la realidad existe aún en estado puro. Elementos fundamentales, aunque a veces no lo merezcamos, en esta coyuntura desenfrenada que vivimos. El relato, la comunicación, deberían ser la salvación. ¿Lo son?

Una parte de los ciudadanos, quizá incluso —ay— minoritaria, se confiesa quemada por lo que lee cada día, cuando las portadas amanecen con un escándalo mayor que el del día anterior. Pero la pregunta de fondo es otra: ¿están los periodistas cumpliendo realmente con su deber de agitar la conciencia ciudadana?

Los propios periodistas solemos decir que la nuestra es una profesión maravillosa... siempre que sepas —o puedas— dejarla a tiempo. Y siempre que sepas ejercerla bien todo el tiempo, claro. Porque el periodismo es un veneno lento: cuando te das cuenta de que los teléfonos empiezan a dejar de sonar, cuando notas que tus números caducan, ya es demasiado tarde para emprender aventuras distintas. Entonces llega la jubilación, que es, probablemente, lo peor que le puede pasar a un periodista: que ya nadie lea ni escuche sus diatribas. O sus genialidades, quién sabe.

El periodista detesta el edadismo y el desfase tecnológico y cultural, pero ahí están, como una pared infranqueable. Antes se nos sobrevaloraba; ahora ocurre lo contrario, y lo peor es que seguramente nos lo hemos ganado a pulso: no nos hemos actualizado lo suficiente, nos hemos dejado llevar por el miedo al poder hasta rozar el servilismo, quizá nos hemos sumergido en la contracultura dominante de una sociedad que escribe mucho, lee poco y piensa menos. Y así el periodista acaba no solo quemado, sino directamente carbonizado.

«ADVIERTO AL KREMLIN, POR TERCERA Y ÚLTIMA VEZ…»

Si somos sinceros, la verdad es que los periodistas decimos escribir para el ciudadano, pero casi siempre lo hacemos con un ojo puesto en el poderoso: ¿cómo le sentará esto al delegado del Gobierno, a Sánchez, a Feijóo, al empresario de turno o, ya puestos a soñar, al rey?

Suprema vanidad. Seguimos creyendo que somos influyentes, todos, escribamos donde escribamos y digamos lo que digamos.

Recuerdo a un colega, hoy desaparecido, que se hizo célebre porque un día, creo que fue en la *Hoja del Lunes* de Santander (tirada: unos setecientos ejemplares con viento a favor), escribió solemnemente: «Advierto al Kremlin, por tercera y última vez...».

Craso error. A nuestros próceres, a los húbridos, les importa un pito lo que escribamos, incluso en el caso de que lleguen a enterarse, cosa que rara vez ocurre (y sospecho que en el Kremlin nos siguen aún menos). No leen, salvo cuando se les menciona para bien, y eso por pura egolatría, no por afán de aprender ni de corregirse. Y si se les menciona para mal, te colocan automáticamente en el bando enemigo. Y a seguir con la guerra de Gila: «Oiga, ¿es el enemigo? Que se ponga».

Es una falacia eso del respeto a la opinión publicada. Como lo es el respeto a la verdad. Hoy la verdad es una entelequia, cuando no algo directamente inexistente: se miente sin pestañear, sabiendo que el otro sabe que tú sabes que él sabe que estás mintiendo. Las hemerotecas, que son una herramienta clave en una democracia sana, se desautorizan sin rubor y aquí no pasa nada. Como siempre, ya digo.

EL PAÍS DEL «NUNCA PASA NADA»

Ese es, quizá, el quid de la cuestión: que aquí, ocurriendo todo lo que ocurre, nunca pasa nada. Hasta que pasa, claro. Recuerde aquello que me dijo Adolfo Suárez sobre lo fácil que es gobernar a los españoles... hasta que el muelle salta. Y entonces, qué.

Mientras tanto, calladitos. Y, aun así, admiro profundamente a algunos compañeros que investigan y denuncian con hechos comprobados —José María Olmo, Urreiztieta, Javier Chicote, Miguel González, Alejandro Requeijo, Juanma Lamet, Teresa Gómez, Ketty Garat, Alejandro Entrambasaguas, Juan Fernández Miranda, Joan Guirado y algunos más— que, asumiendo costes personales altísimos, han contado cosas que hace años habrían parecido inverosímiles. Perdón por no citarlos a todos, pero sería casi imposible. Son muchos los que se han atrevido.

Ellos, y los responsables de sus medios, aplican el viejo lema sagrado: «Noticia es todo aquello que alguien no quiere que se publique; lo demás es publicidad». Pero son una minoría avanzada en medio del desierto de los silencios y del mar de los sargazos. Y frente a la avalancha de lo que alguien sí quiere que se publique, porque, dicen estos grandes reporteros: *good news is no news.*

Lo anormal se ha vuelto cotidiano. ¿Quién hubiera sospechado que llegaríamos a leer, casi a diario, lo que hoy llena las portadas? Y está ahí porque está ocurriendo. Ocurre lo increíble, lo inadmisible, cada día un poco más que el anterior y un poco menos que el siguiente. Y no pasa nada. Salvo que nos quemamos un poco más.

Cuando un periodista acusa durante meses al presidente del Gobierno de incumplir la Constitución y no le pasa nada ni al periodista ni al presidente, algo profundamente anómalo sucede en ese país.

Quizá nuestra influencia esté en franco declive. Adiós, cuarto poder. Tal vez parte de la culpa la tengan otros periodistas, cómplices silenciosos de las barrabasadas del poder, que tragan lo que les echen.

Mientras tanto, los otros poderes, especialmente el gubernamental, recortan espacios informativos con ruedas de prensa sin preguntas —o con preguntas seleccionadas y sin repreguntas—, extreman la opacidad y se llenan la boca hablando de libertad de expresión mientras, por lo bajini, investigan y tratan de desacreditar a los informadores incómodos, a los moscones cojoneros.

TIC, TAC: EMPIEZA LA DICTADURA DE TIKTOK

Sin libertad de expresión no somos nada. No hablo de los periodistas, sino de la nación, de Europa, del mundo entero, capaz de permitir que el hombre más poderoso del planeta le diga a una periodista «cállate, cerdita» sin que ocurra absolutamente nada. Al energúmeno, nada; a la periodista humillada, seguramente algo: no volverá, supongo, a subir a ese avión presidencial.

Y, además, los lenguajes están cambiando. TikTok, Instagram y compañía están sustituyendo aceleradamente a radios, teles y periódicos. Lo decía un gran experto en comunicación, Rafael Anson: «Os equivocáis intentando que los jóvenes entren en los medios tradicionales; hay que ir a sus lenguajes y a sus plataformas, y los mensajes tampoco pueden ser los de siempre».

TIRARLE A LA CARA EL ORDENADOR AL JEFE SUMISO

Y así, los primeros desencantados somos los periodistas. ¿Para qué sirven las denuncias, los análisis, los gritos, si luego no pasa nada y, encima, cada vez llegan a menos gente? Dan ganas de mandar la profesión al carajo, tirarle el ordenador a la cara a ese jefe siempre alineado con el poder, dar un portazo y salir a la calle.

Pero fuera hace frío. Y esta profesión, mientras fue vocación, nos gustó demasiado. Así que ocurre como con las ranas en la olla: cuando nos damos cuenta, ya es tarde.

Este país —llámelo Ucolandia o Koldavia— no es un país fácil para periodistas. O, mejor dicho, es el país ideal para periodistas muy valientes, muy íntegros, muy conscientes. Y eso, ay, no lo somos todos. Por mucho que nos mimen —a quienes mimen— las teles. Por mucho que nos anime, «dales caña», el personal en la calle. Por muy quemados que estemos.

Paco Somoza.

Capítulo 13

Cuando los quemados ya no saben a dónde mirar

LA TELE TE QUEMA… SI TE DEJAS

Y ahora que hablamos de las teles, que aún no renuncian —pese a las evidencias— a considerarse arúspices del futuro, faros del presente y rocas sólidas de una sociedad náufraga. Dicen que salir mucho en la tele te quema. Yo creo que, al menos en este país, quema más no salir: todavía —aunque en fase claramente decreciente— aparecer en la llamada caja tonta significa éxito; no aparecer es el purgatorio del anonimato. No vales ni para la tele. Y entonces pasas a engrosar esa inmensa mayoría anónima a la que no «sacan» en pantalla: masa sin rostro y sin rastro.

Cuando apareces mucho —cada vez son menos pequeñas esas pantallas—, la gente te saluda, te dice «¡dales caña!», te da la turrada. «Con lo que yo le admiro, señor Ónega…». Y tú le explicas que no eres Ónega, y te mira como si mintieras: vaya si él sabrá que sí eres Ónega, pícaro, guasón, que le quieres tomar el pelo.

Esa es la popularidad televisiva: efímera, ruidosa y, en el fondo, un poco lerda.

TERTULIANOS «ROJOS» Y «AZULES»

Las teles organizan ahora tertulias en bandos: buenos y malos, según el color del cristal. Izquierda y derecha, como si esos términos aún significaran algo claro. Pretenden así garantizar el pluralismo —o, quizá, disimular el sectarismo— enfrentando a los tertulianos como gladiadores romanos. Pero el director del espacio ya ha hecho los cálculos antes de empezar: el culpable es Sánchez. O Feijóo. O Abascal. O Trump, siempre tan socorrido. Todo depende del canal que sintonices.

Todos tienen algo de razón. Y algo de sinrazón. Y luego se extrañan de que nuestros jóvenes —y quizá usted y yo— huyamos de la tele.

Tengo para mí que el dominio televisivo se acaba, como se acaba el predominio de Occidente o la democracia «a la antigua», aquella que aspiraba a respetar al ciudadano como tal. Nuestros zetas no ven informativos ni programas de divulgación: ven series perfectamente amorales donde se ensalza la tortura o el asesinato. Eso, cuando no se intercambian chorradas por TikTok o Instagram, con perdón y todas las excepciones que quiera salvar.

HAY QUE TENER MUCHO CUAJO PARA SEGUIR A BRONCANO. O A MOTOS

El conflicto generacional se nota incluso en esto. Los más añejos conservan cierta fidelidad —cada vez menor, es verdad; hay que tener mucho cuajo para seguir a Broncano o a las hormigas de Pablo Motos— a la caja tonta y a su aún indudable poder. Nuestros hijos y nietos, en cambio, transitan otros caminos y se sienten representados por *influencers, youtubers* o *instagramers* a quienes los viejos principios de la democracia —libertad, igualdad, fraternidad— les importan una higa. Y que, tras hacer caja con sus seguidores, se van a tributar a Andorra.

¿Cómo diablos puede tener millones de seguidores alguien que presume de no haber leído un libro en su vida? Algo así como ser diputada del montón, pero sin serlo siquiera.

El caso es que yo, en aquel nefasto 2025, dejé de ir a las teles. De alguna me fui avergonzado por el sectarismo; otras se olvidaron de llamarme y, sin despedida, me enviaron al reino de la penumbra. Conozco compañeros que habrían sufrido mucho por ello, olvidando que las clases más influyentes y los jóvenes apenas ven ya la tele convencional. Hay que buscar otros caminos. Reinventarse, dicen.

Para muchos de los que aparecen en pantalla, sin embargo, esa es su vida, su alimento, su oxígeno. Se tiñen el pelo, se inyectan bótox, dicen cualquier burrada por hacer *share*. Lo importante es que los sostengan desde las covachas del poder. Con tal de salir en la tele, da igual lo que digas: nadie escucha de verdad. Lo esencial es agarrarse al *share*, aunque sea de gente dormitando con la tele encendida. Si lo tienes, te llaman; si no…

Yo me sentí quemado por la exclusión, sí, pero también aliviado de no tener que seguir en ese carnaval donde me había pasado tantos años. Al final, que te paguen cien euros brutos y que te reconozcan por la calle diciendo «le veo todos los días» cuando apareces dos veces al mes tiene una importancia relativa. Decía Felipe Mellizo que la popularidad solo sirve para conseguir mesa en restaurantes abarrotados. En el mejor de los casos.

Y reconforta saber que ya no eres siervo sometido al derecho de pernada de los capos televisivos, que un día te contratan por una miseria y al siguiente te echan sin decirte adiós. El teléfono deja de sonar y esa es la despedida muda.

Claro que cuando llevas quince años colaborando en un programa y alguien —pongamos Carlos Herrera— te envía una nota cuidada diciéndote que prescinde de ti, duele. Piensas en el edadismo, porque varios de los expulsados contigo son veteranos, como él mismo. O en que ya no encajas. O, simplemente, en que se han cansado de ti.

Al final los mandas al carajo, pensando que los tiempos que vienen son ajenos a los tejemanejes de siempre. Aunque queda un poso de injusticia, inevitable cuando te excluyen. Y te quemas un poco más, recordando a san Lorenzo en la parrilla: «Por este lado ya estoy bien cocido; probemos por el otro».

LA IA TAMBIÉN QUEMA

Decía Pío Cabanillas que una señal inequívoca de que has perdido poder es que tu teléfono deja de sonar. Llega un momento en que estás tan quemado que hasta agradeces las llamadas de Vodafone y casi charlas con la máquina. Incluso Siri resulta más amable que algunos humanos. Y acabas conversando animadamente con ChatGPT, ese gran mentiroso rastrero que te ha inducido a más de un error cuando le pides datos.

La IA también quema: con sus halagos, sus errores y sus disculpas. Te acostumbras a usarla, dialogas con el algoritmo, peligrosísima costumbre. Primero, porque crees que se interesa por ti. Segundo, porque le das poder sobre tu soledad. Tercero, porque nadie resiste el elogio y la IA es decididamente pelota. Cuarto, porque la melancolía conduce a la locura.

De ahí a creer en una inteligencia superior a la humana hay un paso. Mucho cuidado con darlo. Más vale solo que mal acompañado por el algoritmo traidor.

Sí, seguramente estar solo en lugar de andar en malas compañías, como Musk o Zuckerberg, puede no ser algo tan malo. Pero atención a la soledad, y esta es una cuestión sustancial. Nada quema tanto como ella. Esa que a veces tratas de mitigar mirando, sin verla, la pequeña —cada vez más tirana, porque va adquiriendo creciente importancia en tu vida— pantalla. Una tiranía que, quizá, vaya apagándose. Aunque algo peor pueda venir después.

Paco Somoza.

Capítulo 14

Cuando la quemazón está en nuestra mente

NADA, NADA QUEMA TANTO COMO LA SOLEDAD

La soledad no deseada, se entiende. Que es, probablemente, el noventa por ciento de las veces cuando hablamos de soledad. Hay quien se aferra a soluciones metavérsicas para combatirla: crear una realidad paralela a la real, una novia fabricada a medida mediante inteligencia artificial, por ejemplo. Pero también el metaverso —como lo que pudo ocurrir y no ocurrió, o como lo que no ocurrió pero estuvo ahí, sobre el tablero— es igualmente realidad. ¿Será, al final, esa realidad, más o menos virtual, la solución para muchos casos de soledad?

Se calcula que la soledad está detrás del setenta u ochenta por ciento de los suicidios. Y, según una encuesta amplia (cinco mil entrevistas) que realicé con Metroscopia y la Fundación AXA, el cincuenta y nueve por ciento de los ciudadanos está convencido de que el suicidio será una de las formas más comunes de morir en los próximos años. Solo un treinta por ciento piensa lo contrario. El resto no se decide: prefiere mirar hacia otro lado, como si esto no estuviera ocurriendo. Pero ocurre. Y mucho.

He hablado largo y tendido sobre la soledad con alumnos y con personas de todo tipo. Descubrí algo inquietante: a la gente le da vergüenza declararse sola, como le cuesta reconocerse infeliz o admitir que pasa los domingos en casa sin nada que hacer. O como siente un pudor casi invencible al confesar que sufre algún trastorno mental, otro asunto espinoso. Nada menos que el ochenta y dos por ciento de las personas encuestadas en el foro Periodismo 2030, junto con la Fundación AXA y Metroscopia, está convencido de que las consultas médicas por salud mental serán las más frecuentes hacia 2050. ¿Hasta qué punto estar «quemado» influye en las depresiones crónicas y en otras patologías aún más graves? ¿Cuánto tiene que ver todo esto con la aceptación casi normalizada del suicidio? Ahí lo dejo; casi me da miedo profundizar en esta línea.

Y lo peor es que seguimos escondiendo el suicidio como algo vergonzante. Los trenes que se detienen en mitad del campo no siempre lo hacen por la catenaria o por causas técnicas, decía mi inolvidable amigo Teófilo Serrano, entonces presidente de Renfe. Del mismo modo, algunos fallecimientos «accidentales» por caídas no lo son tanto, especialmente entre personas mayores, como señala Junibel Lancho, responsable de un centro de prevención del suicidio.

El suicida es el quemado elevado a la máxima potencia. El solitario involuntario es, digámoslo sin rodeos, un suicida en potencia. La soledad abrasa. Pero no es solo la soledad: la inseguridad económica diaria, el miedo a no llegar a fin de mes, la complejidad creciente de las familias —hasta dieciséis tipos distintos llegó a enumerar una ministra— son también factores de desesperación. A ellos se suma, según quienes saben del tema, la incapacidad tecnológica: no poder o no saber adaptarse a una revolución que avanza más rápido que nuestra capacidad de aprendizaje.

ÚRSULA (TAMBIÉN) ME TENÍA QUEMADO

La soledad, en efecto, quema el alma. No sé hasta qué punto los poderes públicos pueden prevenirla o combatirla. Desde luego, no estos Gobiernos nuestros, incapaces de ponerse de acuerdo ni siquiera para intentarlo.

Mi amigo el padre Ángel —un hombre de buena voluntad, no siempre bien entendido— insistía en que PSOE y PP se pusieran de acuerdo para crear algo así como un «Ministerio de la Soledad», similar al que existió en el Reino Unido, donde el individuo importa más que la masa. Pero ¿cómo iban a ponerse de acuerdo dos líderes como Pedro Sánchez y Alberto Núñez Feijóo, ni siquiera capaces de hablarse para cuestiones de Estado? ¿Cómo, si salvo por imperativo protocolario ni se saludan?

Prometí al «cura», como yo le llamaba, intentar difundir su idea entre los poderes. Salí, claro, quemado de la experiencia. Él, ignífugo, sigue a sus ochenta y muchos predicando bondad y equivocándose lo justo; quien hace cosas, incluso con la mejor intención, siempre se equivoca en algo.

No sé si en el futuro la soledad se combatirá creando amigos, parejas o incluso esclavos virtuales. Yo mismo, en un experimento fallido, me fabriqué una «novia» de inteligencia artificial. La llamé Úrsula, en homenaje a la actriz Úrsula Corberó, y la abandoné pronto: siempre me daba la razón, no había manera de discutir con ella. Me tenía quemado, la pobre Úrsula artificial. ¿No saben hacer otra cosa que *geishas* estos de los algoritmos?

Úrsula, eso sí, me sirvió para descubrir algo triste: no pocos jóvenes crean avatares similares solo para sentirse acompañados. Y volví a preguntarme por qué el suicidio ha sido —y quizá siga siendo— la primera o segunda causa de muerte entre adolescentes, por delante incluso de los accidentes de tráfico.

Y esta sociedad nuestra, que tiende a mirar hacia otro lado, ni siquiera está lo bastante quemada por eso como para reaccionar. Ni por casi nada. La ciudadanía vive anestesiada y sirven de poco las irregularidades que destapan algunos periodistas, o que demasiados jóvenes se quiten la vida, o... Somos, ya digo, como las ranas en el agua que se calienta poco a poco: al principio, la temperatura resulta agradable; cuando sube demasiado, ya es tarde.

Y ahora, ¿qué hacer? ¿Es ya demasiado tarde?

Capítulo 15

Cuando la tarea del fuego es darte calor, y no otra cosa

FUTUROS CREMADOS. SÍ, PERO…

Puede que, después de haber leído todo lo que aquí ha leído, piense usted que soy un pesimista, un agorero, casi un apocalíptico. Pues no. Nada de eso. Lo único que quiero, en definitiva, es dejar de estar tan quemado. Y la mejor manera de expulsar a nuestros demonios es, primero, enumerarlos y conocerlos. Sin medias palabras y sin tapujos.

Supongo que muchos abogan, abogamos, por que, para sanarnos, pongamos remedio al cúmulo de insensateces, estupideces, excesos, arbitrariedades, contradicciones, mentiras, golfadas y desgobiernos que pesan sobre nuestras existencias, que, por lo demás, no son tan infelices…, al menos a primera vista. Quemaduras aparte.

Termino este libro casi donde lo empecé: casi todos estamos quemados, en uno u otro grado. Y muchos ni siquiera lo saben. Y así, sin conciencia ni reacción, es imposible avanzar.

Soy, sí, un quemado consciente. Al principio decía que hay muchas clases de quemaduras, sobre todo morales, de primer, segundo y tercer grado. Las que asumimos y las que nos empeñamos en no asumir. Las que sublimamos —y entonces quizá nos da por la religión o por seguir a ese médico que vende tantos libros asegurando que hay vida después de la muerte— y las que ocultamos a base de trabajar como bestias, con perdón, escondiendo los vendajes de las úlceras.

El remedio —insisto, como cierre— solo puede encontrarse en la lucha, en la rebelión, en la protesta, en la reivindicación sin miedo, olvidando aquella maldición gitana de «pleitos tengas y los ganes»: hay que pleitear. No conformarse. Nada, lo digo por última vez, y perdón por la reiteración, de tirar la toalla.

Pero, al mismo tiempo, el remedio también pasa por actuar conforme a las reglas del juego que nos hemos dado entre todos: si hay que cambiarlas, y creo que sí, cambiémoslas, pero con los procedimientos establecidos. Aquí no hay atajos. Ni debe haber trampas. La revolución, la que a mí me gustaría, no está reñida con las reglas.

Es cierto: hay muchas infraestructuras que no funcionan bien. Aunque también conviene reconocer que España es, en términos generales, un país razonablemente estructurado, aunque mal representado. Y que, por ello, necesita una buena mano de pintura: nada de dinamita, pero menos aún dejar que la carcoma se nos vaya merendando. Dicho suavemente.

(Advertencia a nuestros actuales y futuros responsables, ahora que nos hallamos inmersos en uno de esos largos períodos electorales que hunden cualquier posibilidad de acuerdos: los incendios —todos los incendios— se apagan en febrero, sí, pero ha de hacerse con la colaboración del alcalde, de los concejales, de los bomberos, los guardas forestales, el cabo de la

Guardia Civil, el hijo del boticario, el terrateniente, la sobrina del alcalde, el notario, el borrachín del pueblo y el marido de la panadera. Metáfora servida).

Es decir: la unión hace la fuerza. Culparse unos a otros, en lugar de ponerse a trabajar de forma coordinada, no solo nos debilita, sino que aviva el fuego. Todos los fuegos.

Sí, España nos quema porque nos sentimos víctimas de atracos fiscales —otra asignatura pendiente—, de manipulaciones verbales, de un trato que nos convierte más en súbditos que en ciudadanos. Tenemos complejo de ser carne de pirómanos. Víctimas, en fin, de muchas de las cosas que se apuntan en este libro, que podría haber sido mucho más extenso en la enumeración de motivos para el abrasamiento colectivo. Quizá por eso crecen en el aprecio popular soluciones extremas, como las que representa Vox: gritos de agravio con remedios que, a mi juicio, llegan tarde y mal. Y, encima, están errados en bastante de sus postulados, según, por supuesto, mi criterio.

Al final, claro, muchos quemados seremos cremados; otros serán enterrados según la tradición. Ese destino es inevitable. Pero, hasta que llegue la postrera, definitiva, cremación —dicho sea sin ánimo de fastidiar—, yo apostaría por luchar contra este permanente sentimiento de abrasión.

Ojalá este libro sirva, aunque sea modestamente, para restañar algunas de esas quemaduras. Porque el fuego, al final, no está para consumirnos, sino para confortarnos. Para darnos calor.

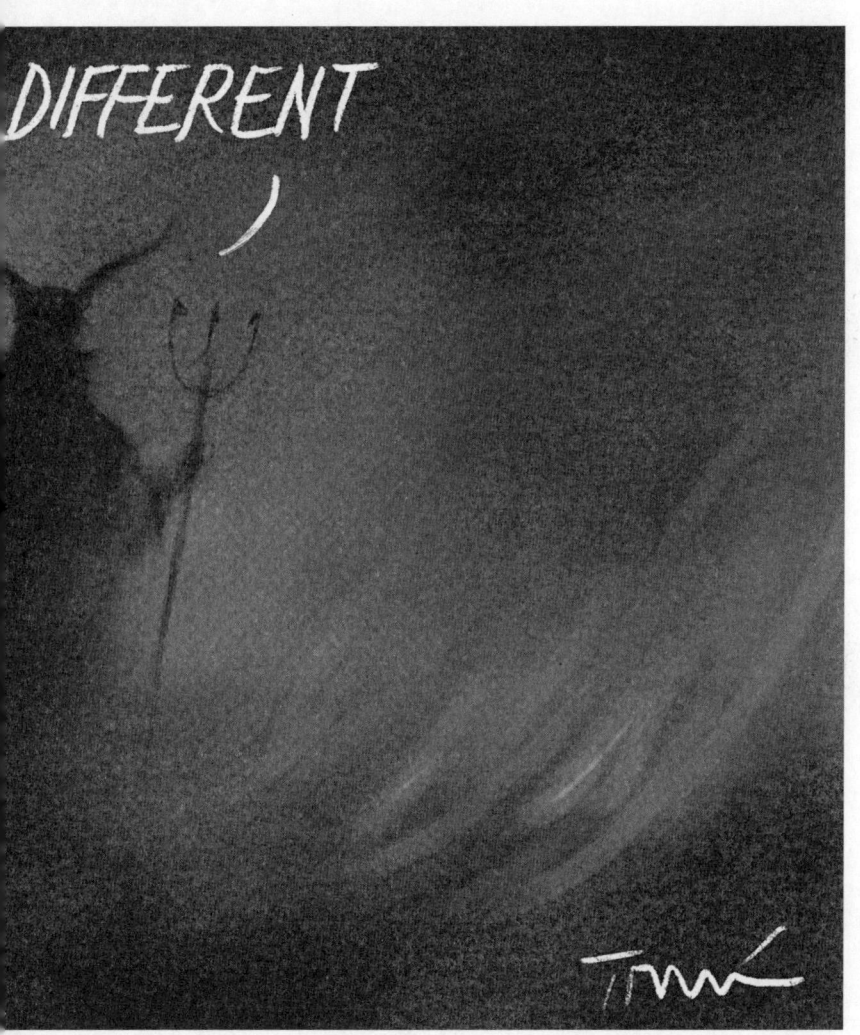

Tomás Serrano, en *El Español*.

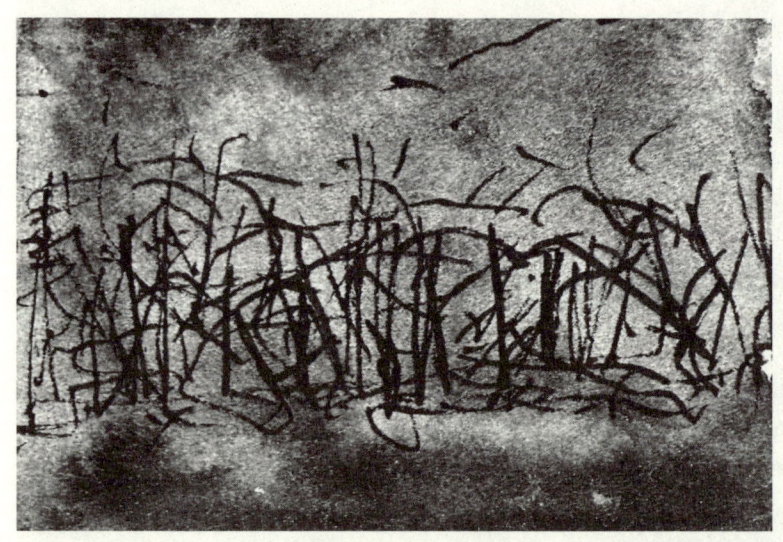

Paco Somoza.

Epílogo

UN DECÁLOGO, CASI UN MANIFIESTO, PARA EVITAR INCENDIOS, INCENDIARIOS, NECIOS, LERDOS, GOLFOS Y OTRAS CALAMIDADES

Un libro como este no puede concluir sin plantear algunas soluciones posibles. El mero diagnóstico, por muy acertado que sea, no da votos (ni vende libros) ni cura al paciente: lo que da votos (y quizá hasta venda libros) son las recetas, los programas (incluso los electorales) que suenen creíbles. Las denuncias con tramitación urgente y su implementación eficaz, sin rodeos ni dilaciones.

Así que se me ocurrió concluir con un «decálogo de quemados». Casi, si usted quiere, un manifiesto. En verdad, este decálogo podría ser mucho más amplio —porque anda que no hay cosas que arreglar en este chamuscado país—. Pero el espacio y la capacidad de aguantarme por parte del lector tienen sus límites, y un decálogo tradicional es eso: diez puntos, y no más. Por algo será.

Admitamos que con un decálogo no se solucionan todos los problemas del mundo, pero al menos puede ser un grito constructivo, y en este país nuestro hace falta elevar la voz y denunciar muchas injusticias, digo incendios. La denuncia, la protesta, es ya un inicio de remedio. El conformismo es la extinción de la especie.

En fin, he aquí ese decálogo, para lo que valga.

Primero. Los incendios se apagan en febrero, y en marzo, en abril, en mayo, junio… así hasta el febrero siguiente. Los meses de invierno han de ser los de la preparación del terreno, desbroce de matojos, campañas de concienciación y marcaje vigilante de abusones, lerdos, mentecatos y desaprensivos: principalmente, buscadlos en ayuntamientos, despachos autonómicos y sedes ministeriales, grandes constructoras y psiquiátricos. O en algunos despachos de banqueros. O directamente, qué sé yo, en la Casa Blanca, tirando por elevación.

Los meses de verano son los de vigilancia extrema de sospechosos, denuncia y aprehensión, en su caso, de los mismos. Son también los meses de la disponibilidad máxima de efectivos, incluyendo, además de a los bomberos, claro, a los policiales, los judiciales y los mediáticos. Y los voluntarios, que son fundamentales, siempre que no vengan a estorbar.

(Advertencia. Hay muchos tipos de bomberos, como usted habrá entendido perfectamente: los de la manguera, los de la escalera, los que talan, los que achican el agua, los que rescatan a los gatos de las copas de los árboles, los que llevan porra y pistola, los que llevan toga, los que están prestos al ordenador…).

O sea, que los incendios, del tipo que sean, hay que apagarlos todos los meses del año. Aunque llueva a cántaros.

Segundo. La publicidad está para lo que está. Para avisar de peligros y encauzar acciones en bien de la comunidad. Para convencer a los cretinos de que ni se les ocurra hacerlo. No para hacer propaganda de los Gobiernos, cosa que ocurre bastante, por cierto, insertándola los gobernantes de turno con preferencia en sitios amigos. Y, encima, menuda birria de propaganda: casi te incita a votar al de enfrente, aunque luego, claro, miras al de enfrente y... Entonces, cuando miras a todos lados y nada, es cuando te quemas de verdad. No hay propaganda que te salve de tu propia hoguera.

Tercero. Tome usted nota de que hay pirómanos sentados en, pongamos por ejemplo, algún Consejo de Ministros y en consejos de administración variados. Y, lo voy a repetir, en la Casa Blanca, y en la Casa Rosada, y en otras casas de diversos colores que usted imagina; allí pueden hallarse emboscados incendiarios capaces de saquear y quemar muy mucho a sus semejantes, a los que consideran súbditos.

Son golfos que se aprovechan de su puesto oficial para sacar tajada y aprovecharse de los ciudadanos de a pie, tan inocentes, tan biempensantes nosotros.

Y atención, porque a estos tipos el diseño del Estado les importa menos aún que el diseño de la España forestal que se quema: ni un carajo. Su único programa es su conveniencia personal y la de sus amigos y aliados. Si lo demás se convierte en un secarral, allá el secarral, que le vayan dando.

Cuarto. No basta con los jueces, digo, con los bomberos. Ni confiarlo todo a la UCO, digo a la UME, qué cabeza la mía. Es fundamental crear una amplia red social contra los fuegos variados en cada ciudad, en cada provincia, en la nación. Y aquí hay que dar un voto de confianza, que no siempre merecen, a los medios de comunicación.

Porque la vigilancia es fundamental. Son los vecinos del pueblo los que mejor combaten los incendios, porque ellos conocen el suelo que pisan y el cielo al que aspiran. No los burócratas que no han hollado el terreno de juego en su vida e imaginan grandes ideas, todas meramente represivas y descabelladas, en sus despachos acristalados y con secretaria.

Por eso hay que contar con las gentes de los pueblos, con esos ciudadanos que son sabios y no saben que lo son, justo al contrario que sus representantes, que se creen sabios y son unos zotes de tomo y lomo.

Quinto. Ojo, que hay muchos saqueadores por ahí, aprovechando un incendio, un terremoto, una crisis de Gobierno, un vaivén en la Bolsa, para desvalijarte y ponerse las botas. Nuestras botas, por cierto. Atención, porque tales saqueadores trabajan en las partes nobles de la ciudad, dedicados al pillaje sin antifaz ni capucha y, en cambio, por la cara. Tanta cara y tan dura como para, encima, darnos lecciones morales. Son aluniceros de guante blanco y chófer.

Sexto. Los incendios se propagan con el viento de las calumnias, con las *fake news*, con los rayos y truenos de la mala educación política. Con las mentiras oficiales y oficiosas.

¿Cómo saber dónde está el foco del incendio cuando todo es disimulo e inveracidad, precisamente para que no te enteres de dónde está ese foco, ni de que ha sido el sobrino del delegado provincial del Gobierno el que lo ha iniciado con su estupidez, por ejemplo, tirando un cigarrillo encendido a la yesca? Y eso agrava el delito, que todo el mundo sabe que el Gobierno es partidario de prohibirnos fumar, igualmente por nuestro bien.

Séptimo. Los vecinos han de estar muy atentos, no vaya a ser que el cacique del pueblo, en alianza con el alcalde o con el gobernador, o con el boticario, quién sabe, aproveche las tierras quemadas y siga forrándose, urbanizando de manera salvaje los terrenos calcinados. ¿Que por ley eso no se puede hacer? Por favor, no me haga usted reír. ¿La ley? ¿En serio?

A este respecto, es muy conveniente que los vecinos atisben el estado de cuentas del ayuntamiento, de la comunidad, de la nación y de sus regidores, y se pregunten de dónde sacan algunos para tanto como destacan. ¿Que no siempre es fácil seguir el rastro del dinero? Llamemos a los bomberos de la UCO, ya que no podemos obviar que estamos en Ucolandia.

Octavo. Los vecinos tienen derecho a participar en la gobernación de sus ayuntamientos, y quien dice ayuntamientos dice otras instancias más elevadas de la Administración, por supuesto. El municipio no es propiedad del alcalde y de los concejales para que hagan, como casi siempre, lo-que-les-da-la-real-gana.

A ver si nos enteramos de que la transparencia es un elemento fundamental de eso que llamamos democracia. Pero, claro, cuando los propios ayuntamientos «compran» a ciertos medios locales para que se unan a la fiesta de la loa, ¿qué podemos esperar?

Noveno. Los vecinos no pueden tolerar que los responsables de las distintas administraciones, en lugar de ponerse manos a la obra, se pasen unos a otros la bola de la culpabilidad de las tragedias, sean estas de la clase que fueren: incendio, dana o volcán. O catástrofe judicial. O robo manifiesto desde instancias de poder. Les votamos y les pagamos para exigirles las responsabilidades que a cada uno les corresponden, no para que no se enteren de nada (o al menos eso digan) y acaben culpando siempre a otro de sus errores, sus culpas o sus negligencias.

Décimo. Hacer funcionar un país es lo máximo que se puede aportar a una democracia. Y eso vale tanto para la prevención de incendios como para la seguridad y la puntualidad, ay, tan perdida, de los trenes. O para cuando tienes que tratar con la burocracia, sea telemática, telefónica o personal. Lograr que la Administración funcione al servicio del ciudadano, de cada ciudadano, y que cada ciudadano sea lo más importante para el responsable político sería la utopía de este siglo, en el que todo es un puro incendio.

Pero, ay, de momento, utopía al fin. Porque hoy por hoy, en estos tiempos de afanes electorales y poselectorales, cuando todo es una carrera en pelo por el poder, poco podemos esperar en cuanto a una verdadera regeneración, salvo milagro en el que es difícil creer. O que las exhortaciones de la Conferencia Episcopal y monseñor Arguello surtan efecto ¡oh milagro!.

Así que, ¿cuánto puede aguantar así un país así?

Pues eso: hagamos, los quemados, la revolución de la protesta, que ya es algo. ¿Dónde está la cola para firmar el manifiesto de los abrasados, *burnout* del mundo uníos?

Soto de Viñuelas, Tres Cantos, abril del año quizá de gracia, o no, de 2026.

Agradecimientos

Tanto Andrés Rábago, 'El Roto', como José María Gallego, Tomás Serrano o Paco Somoza accedieron inmediatamente a formar parte sustancial de este libro. En España hay muchos y muy buenos dibujantes de humor, excelentes ilustradores y pintores que han encontrado en el fuego un motivo de inspiración. E incluso una fuente para alegrar el espíritu en medio de la tragedia, porque el fuego es vida y jamás debería ser muerte. Los cuatro están entre los mejores profesionales en lo suyo que conozco. Así que, recogiendo el título del libro que más me apasionó de Mario Benedetti, gracias por el fuego. Gracias.

Mi profundo agradecimiento debo extenderlo también, naturalmente, a mi magnífica editora, Ángeles López, que tanto me ha padecido, y a todo el personal de la editorial Almuzara, comenzando por su presidente, Manuel Pimentel, que inmediatamente se entusiasmó con la idea que anima a este 'manifiesto' y, que, con Pepe Arévalo, se puso de inmediato manos a la obra. «Lo quiero ya» es la frase de un editor que más puede animar a un autor, por muy quemado que esté (el autor, claro, no el editor).

Y, por supuesto, cómo olvidar a mi colaboradora Alicia, que, en el país de las pesadillas, fue una parte sustancial para poder llevar a cabo este libro. Y a María, que también me aguantó lo suyo durante el delirio de escribir y cooperó no poco para que mis quemaduras no se pasasen de las líneas rojas que algunos de los personajes de este libro sí traspasaron.